U0108884

讀史論知人

張建雄 著

商務印書館

讀史論知人

作　　者：張建雄

責任編輯：甘麗華

封面設計：涂　慧

出　　版：商務印書館（香港）有限公司

　　　　　香港筲箕灣耀興道 3 號東滙廣場 8 樓

　　　　　http://www.commercialpress.com.hk

發　　行：香港聯合書刊物流有限公司

　　　　　香港新界大埔汀麗路 36 號中華商務印刷大廈 3 字樓

印　　刷：美雅印刷製本有限公司

　　　　　九龍觀塘榮業街 6 號海濱工業大廈 4 樓 A

版　　次：2019 年 4 月第 1 版第 1 次印刷

　　　　　© 2019 商務印書館（香港）有限公司

　　　　　ISBN 978 962 07 6611 4

　　　　　Printed in Hong Kong

目 錄

狀元的格局和結局

各代人物的悲喜劇

各代歷史人物的分析

氣運與人物的格局

奸劣人物的認知

人物與讀物

序

　　本書是「讀史」系列的第四本，在「讀史觀世」、「讀史觀勢」和「讀史論人生」面世後，「讀史論知人」是順理成章。「知人，曉事，論世」是錢穆讀史三部曲，誰曰不然。當然，知人是最難的，每個人都有其天生秉賦，有後天學習，再加上有大環境的影響、人與人之間的互動，所以每個人都有其階段性，其行為有所不同，所以知人者，是知其過去，知其現在，知其將來。這是管理人才庫、人力資源者必備的能力。《紅樓夢》中賈雨村一開場就説：「天地生人，除大仁大惡，餘者皆無大異。若大仁者則應運而生，大惡者則應劫而生，運生世治，劫生世危。」「大仁者修治天下，大惡者擾亂天下」，天地之間有正氣，是清明靈秀，亦有邪氣，殘忍乖僻，「正不容邪，邪復妒正」，「成則公侯敗則賊」，以目前全球政經環境，正像有秉正邪二氣而生的人物出現，誤國誤民，失德失當機會不少，要知人者，可不慎乎？這是寫這本書最大的感受。中國歷史五千年，應運而生、應劫而生的人物都有很多例子，本書盡量將有思考性的人物寫出來，本來踏入廿一世紀，新科技突飛猛進，年輕人中秉賦好的紛紛冒頭，在「新團隊、新治理、新資本」的環境下，充份信任年輕人，管理年輕化，一切要看「八五後」這一輩，他們是意見領袖，不論在組織還是在家庭都一樣。在商界，李嘉誠、張忠謀雙雙退休了，但在政界特朗普、馬哈蒂爾出現了，歷史説「時勢造英雄」，時勢何以召喚七十一歲和九十二歲的人物來應潮流呢？只有歷史才能給予答

案！本書分了九個章節來談知人，看人看氣象、看人品、人緣、人情，氣象是個人魅力的表現，亦是人品、人緣人情的結合，不因學歷的改善。本書有一節是分析狀元的生涯，結論是考狀元難，當狀元更難，歷史上的狀元沒有幾個是有好收場的，因為將狀元當成結局，而不是起點，本書藉助錢穆的「歷史精神」和呂思勉的「中國大歷史」中觀點的啓發，做出大量歷史人物的比較和分析，多少英雄豪傑為氣運所主導，乘運而起，失運而滅。更特別分一章寫奸劣人物，如何看出這些人物，如何在這些人物當政時存活，是大學問，不可不知。至於如何做人和要些甚麼讀物，亦是本書重點介紹，但未簡易。明白中國文化中的精要，不必浪讀，中國經典由《三字經》、《正氣歌》開始，就有一個大概。當然西方人物對當世有影響亦是本書的範圍，筆者挑出美國近五十年來對世界大勢最有影響的幾位來討論，知己知彼，百戰不殆，筆者當然希望年輕人能在知人方面下功夫，以歷史人物為鑒，在這個創造性的世界裏，歷史精神重生，讓這個世界更美好，是為禱！

張建雄　七月一日

導讀

讀史知人：人品、性格、能力、學歷

　　錢穆教人讀歷史，可以「知人曉事論世」，筆者是由宏觀入手，先「論世論勢」，然後再回頭，由微觀出發去「知人」，是否有點遲呢？非也，知人最難，人不只有一面，還有雙面和多面，只知其一面，大概看錯居多。

　　美國民主投票制，選民們經常會錯，因為經常只看到自己常看的那一面，既然 90% 的美國人不相信國會議員，但 90% 的國會議員又次次連任成功，那就是制度出了問題，美國人不「知人」到了家。知人可以分四方面來看：一、人品人格；二、性情性格；三、能力毅力；四、學歷資歷。重要性亦如此排列，不妨分而論之：

一、人品人格

　　人品是核心競爭力，人品的形成，不是一蹴即至，要經幾十年的沉澱累積才形成。人到無求品自高，所以儒家學說，追求「清心寡慾，安貧樂道」，以顏回為榜樣，公正、誠信、慷慨、謙虛都是人格的一部分。錢穆高度讚賞諸葛亮，「淡泊以明志，寧靜以致遠」，但三國第一人卻是管寧，文天祥〈正氣歌〉中的「或為遼東帽，清操厲冰雪」，寫的就是管寧。管寧（158-241），山東人，管仲之後，是漢桓帝時代的人，從學於太尉陳球，和華歆（157-232）是同學，歷經漢靈帝、漢少帝、漢獻帝、魏文帝曹丕、魏明帝曹叡、齊王曹芳，得年 83 歲，「少恬靜，不慕名利」，「淵雅高尚，簞食瓢飲，過於顏回」，

人品是一流的，避難遼東，65 歲才回中原。

《世說新語》有管寧和華歆割蓆斷交的故事，其中提到華歆因和管寧在蓆上一起讀書，因不專注，有大車經過，華歆就出外觀看，管寧卻因此割蓆，說「君非吾友也」。以前還有管寧鋤菜遇金，置之不理，華歆卻撿起來，見管寧不悅而拋棄那塊金，也算有貪念，但經得起考驗。不過華歆卻很倒楣，1400 年後遇上羅貫中寫《三國演義》，小說家的一首詩，「華歆當日逞凶謀，破壁生將母后收，助虐一朝添虎翼，罵名千載笑龍頭」，羅貫中是反曹操一派，抹黑曹操，順手把華歆也黑了。

三國一條龍，龍頭華歆，龍腹王朗，龍尾管寧，可見華歆在當時也是鼎鼎大名的。從漢朝劉家的角度，華歆捉伏后，助曹丕逼漢獻帝禪位，當然大逆不道；但從魏朝曹家角度，卻是忠貞之臣，世上哪有一家一姓可以永續的。先秦諸子的理論是主張「禪讓」的，不要忘記，堯禪舜，舜禪禹，都是主動禪讓的，直到王莽代漢，也是走禪讓的。只是管治出問題，天下大亂，禪讓理論被廢，變成篡位了。歷史要看是誰寫的，華歆雖被管寧割蓆，但卻不介意，在曹丕和曹叡年代，都大力推薦管寧，並以太尉位相讓，管寧不就，亦無強迫管寧就位。晉代嵇康就讚華歆「相終始，真相知」，不枉同學一場。華歆到魏朝算是位列三公，封博平侯，諡敬侯，但生活簡樸，家無積穀，且子孫繁衍。《三國志》陳壽評為「清純德素，積德居順」。可見小說家言，要小心看，劇情需要而已，陳壽評管寧：「貌甚恭，言甚順，觀其行，邈然若不可及，即之熙熙然，甚柔而溫，因其事而導之於善，是以漸之者無不化焉。」「溫良恭儉讓」，孔子之風齊矣，不過管寧是道德榜樣，華歆卻是管治長才。

「半部論語治天下」。世人不要忘了，孔子《論語》中的管治要訣是「恭寬信敏惠」，此 5 字多數被忽略了，太可惜了。管寧 83 歲，華歆 75 歲，都

算高壽了。時代人物和歷史傳統人物，因人品和信念，各有不同，歷史要明辨於此。

另一個人品的案例，是唐初四傑，王勃、楊炯、盧照鄰、駱賓王，當時俱以文章聞名，但同代人裴行儉卻説，「士之致遠者，先器識而後文藝」，四傑「雖有文章，浮躁淺露，豈享爵祿之器耶」。輕浮急躁，淺薄外露，就是人品有問題，結論是一個好的文藝家，必須先做一個好人，如果沒有器量見識，無論技術如何精湛純熟，也是不足道的。

推而廣之，不單是文藝家，任何行業也是一樣，「文藝以人傳」，人品欠佳，任何技藝都傳不下去。唐初四傑的生涯，都沒有好的結果，驗證了裴行儉的判斷。

二、性情、性格

人品不是當世事業的保證，孔孟是聖人，但不為當世接受，要等 300 年後，才由董仲舒提出，漢武帝認可，才重見於世。性情性格亦分陰陽，外向內向，耿直陰柔，慷慨孤寒，影響人情人緣和事情結局，歷史例子真多。

歷史上的名臣，商鞅、王安石、張居正，都執拗行事，百折不撓，但不容於廣大的士族和貴族（當時的既得利益團體），結果都不好。事業是有成了，但商鞅車裂而死；王安石要隱居，死時蕭條；張居正死後更百罪纏身，子孫流放，禍在後代，性格不得融和之故也。但歷史上亦有太多權臣奸相，唐朝李林甫，嫉賢妒能，口蜜腹劍；楊國忠自戀成狂，唯我獨尊。李林甫執政 19 年，楊國忠 4 年，引發安史之亂，是唐朝盛世完結的轉捩點（755 年），中國進入衰世 200 年，才有北宋統一的局面，但已無復唐朝的強盛，只能和遼國西夏共處了。中國之痛，當以五代十國時，後晉高祖石敬瑭割讓燕雲十六州（包括今日北京在內）給遼太宗耶律德光，並拜為義父，這和唐代安

祿山拜唐玄宗為義父，同出一轍。石敬瑭被視漢奸，其實石敬瑭本身就是胡人，胡人獻地胡人，不能是漢奸。

五代尚有一個馮道，性格陰柔，善於周旋，歷事五朝八姓十一君，當時尊為長者，死年七十三。談者美之，謂與孔子同壽，後人非議馮道，今日視之，亦轉工而已。馮道最大功德，是向耶律德光說：「此時（百姓），佛出救不得，惟皇帝救得。」一言免中國人於夷滅，可見性格陰柔、忍得的人亦有長處。生於亂世，中國有史以來未有之慘境，還要求甚麼？性格豪邁的蘇東坡，一生仕途坎坷；個性耿直的海瑞亦無甚麼好日子過。難道真的要有雙重性格，陰陽俱備，才保一生無憂？此處尚要三思。

三、能力、毅力

有能力毅力者破壞力更大，一個有能力的人的狀態應如下：「精力充沛，雄心勃勃，頭腦清醒，鋼鐵意志，俠骨柔腸，具開創性，睿智而有遠見，良好判斷，果斷擔當，開創未來。」《政治與人生》一書指出政治人的定義：「擁有在死亡前也不變的信念，縱貫東西的學問，令人不得不仰視的人格，高瞻遠矚的眼光，海納百川的度量，掌握大勢的能力。」最後一項就是最高的能力，非但政治人如此，商業人亦如此，在全球化的今日，不懂東西方的文化，不能掌握大勢，就無以參與這一場東方和西方、新興國家和發達國家的大競賽。在這場全球化大賽中，要具有「知人」的能力，才容易分辨出牆頭草和參天大樹、雙面政客和實心辦事的領袖。李林甫提供了一個有能力的精緻利己主義者，陰險、圓滑、自卑、自大又自私的案例。

四、學歷、資歷

歷史上提供的最佳範例是科舉制度，晉身之階是中進士，最高職位是宰

相（隋唐宋元）或首輔（明清）。明朝開始廢了宰相，君權和相權不能制衡，成為中國衰落的誘因。

古代中狀元是大事，但筆者研究一千多年的狀元名單，有成就者寥寥可數，很多人以狀元為終點，又為高層所忌，從此碌碌一生。所以狀元不是最佳資歷，反而中進士的名列前茅，有所謂「十一名理論」。一次考試，其中有運氣存在。能讀書和能辦事，基本上是兩回事。荀彧勸曹操出擊，不能「欲勝懼敗，欲進懼挫」，怕輸是在履歷表中看不出來的。歷史只等待「堅定者，奮進者，搏擊者」，而放棄「猶豫者，懈怠者，畏艱者」。學歷資歷，名校出身，拿到博士，都無法告訴你此人是屬哪類。曹丕成為皇帝，曹植只是親王，世人都可憐曹植，事實上曹丕「以位尊減才」，曹植「以勢窘益價」，曹丕在文學上勝於曹植，終因政治上不怎樣，又有篡漢之譏，連名作《典論》都失傳了。

古代有五經博士，其實通「一經」已經是博士，博士其實不博，今日望文生義。資歷亦復如此，不能望履歷而靠估。一個接班人能不能成功，要看人格能否轉移風氣，氣魄是否足以支持難局，眼光是否足以擔當大任，威望能否籠罩大局。

全球風雲變幻，雙面人處處都是，好好練習知人之道，才是正道！

理想的人

1）讀史知人例子

讀史第一功能就是「知人」，從歷史中人物的互動中可以看出當事人的心態和應對方面，可以預知最後是甚麼結果，如果有所不同，亦只是因為外來因素的影響。

唐玄宗 44 年的 CEO 生涯所用的 COO 一直在變，當然他的年齡亦一直在變，經驗亦愈來愈深，知道如何駕馭手下，年輕時用老官僚如姚崇和宋璟，唐玄宗是在學習。隨後用科舉高手的進士張說、文筆一流的文人張九齡，進而用現役軍人朱仙客、深知律法的胥吏韓休。最後年紀大了，要用忠心耿耿的遠房宗室如李林甫，最後用斂財高手的外戚楊國忠。

最後兩名是敗筆，主因是自己倦勤了。李林甫當宰相已經 51 歲，而唐玄宗只比他少 2 歲，算是同齡人，李林甫老奸巨猾，唐玄宗更經驗豐富，讓他當政 19 年，李林甫病死已經 70 歲。最大弊病是自把自為，在宰相府辦公，反正「君王不早朝」。

但帝王最怕是手下謀反，宗親也不可以。玄宗在他的鬥爭生涯中，韋后、太平公主等長輩一樣照殺，當然不在乎李林甫，但李林甫嚇死仍「手下不留情」，這年玄宗已經 68 歲了，未免太狠。但李林甫用楊國忠，正如司

馬光用蔡京、蔣經國用李登輝，都以為手下「柔順易制，執行有力，唯命是從」，這種過度自信種下了失敗的原因。

到楊國忠執政，手法不一樣，排斥才高者，打擊異己者，遏制競爭者，文官是節節勝利，但不知武將安祿山的能量，正如蔡京不知大金的武力。

手上無兵的楊國忠只能死於兵變，蔡京流放而死，楊國忠則被斬首，死得低三下四，有如其人！

2）中華文化的理想人

錢穆論中西文化分別，西方是外傾性，偏重物質功利；中國文化是內傾性，主要從理想上創造人、完成人，要「使人生符合理想，有意義，有價值，有道」，「有人格，有德性」，自己先來「合道」，然後希望人人「合於道」。

理論上，人人都可以做得到，人人皆可為堯舜，人人皆可為聖人，實際上做得到的人不多。「聖人」太高了，做個「完人」就不錯了。

中國歷史命脈一向只靠「人」，政治可以腐敗，財富可以乾竭，軍隊可以崩潰，但只要有人就好，中國歷史不論治、亂、興、衰，永遠有「人」維持這「道」，中華民族才可以不亡。

西方一衰就不復起，因為只講物質，財產過億，講事業，做大公司老闆，連總統都可以當了，但忽略了人本身的內在意義和價值。人人都可做聖人，以孟子標準：「伊尹，聖之任者；伯夷，聖之清者；柳下惠，聖之和者。」

任是「積極向前」，「負責領導」；清者，「隱居避世」；和者「隨和」，各有其道，都是完美之人。據西方標準，清者與和者，不會被記載，因為無功業，而任者亦分成功與失敗兩種，失敗者亦不入史冊，和者如比干、屈原、文天祥、史可法、諸葛亮，在中國歷史中都是受敬愛的。人生何求，活在他

人心中，被敬被愛而已，億萬家財，著作等身，也未必獲得敬愛。看看美國今天。

　　歷史上的清者還有陶淵明、王維、管寧（三國第一人）；和者如箕子、杜甫、白居易、曾鞏，這些人不在歷史的舞台中央，但不失為文化的完人，為詩聖、文雄，證實不論任何環境，都可以做一個理想的完人。

3）知人難上難

　　讀歷史才能「知人曉事論世」，其中又以「知人」最難。要幹大事的人，要知道在上那些人、平輩那些人、在下那些人，缺一不可。商鞅投對了秦孝公，變法成功，但損害了既得利益的平輩，秦孝公一死，新君上任，要行商鞅之法，但不要商鞅本人。

　　商鞅不知人，不知危流勇退，結果作法自斃，車裂而死。但商君法奠定了秦國的強大，商鞅還在不在，無關重要。

　　王安石也投對了宋神宗，以宋神宗之剛毅，仍擋不了舊派之衝擊。他只貶了司馬光去寫《資治通鑒》，也算立一大歷史之功，但哪知司馬光比王安石還硬頸，死前一年，居然盡廢新法，但王安石、司馬光都看錯了蔡京這條變色龍，牆頭草兩邊倒。王安石、司馬光死後，蔡京得勢，北宋遂亡，沒有蔡京，不至於此。

　　兩位君子均看錯小人，這是歷史不斷重演，大奸大惡之徒未露真面目，永遠要扮得忠心耿耿的。汪精衞在「引刀成一快，不負少年頭」之際，誰又料到他會當漢奸賣國，孫中山未死，他還當黨魁呢！但被蔣介石奪權，卻也放不下，只有走向日本投誠之路，但媚日之行，80 年後在台灣又重演呢！

　　康有為以為光緒是聖君，變法失敗仍要勤王，要復辟，光緒只是一個可

憐的慈禧裙腳仔，投靠他是必敗，有任何最佳的變法，也是無效執行。康有為又拒絕與孫中山合作，孫中山最後是國父，他只是復辟之徒，徒為天下所笑，康有為倒是看好梁啓超成為最佳助手，但梁啓超超越了師傅，接受不了康有為，只能反目，知人難！

4）值得尊重的自己

又是大學畢業的季節，北大教師代表今年給學生們的忠告是，做一個能贏得自己尊重的人。人生的兩個目標很實際，一是「退休之日，你覺得職業中的自己值得尊重」；二是「遲暮之年，你覺得生活中的自己值得尊重」，如此而已。其他都是社會性的堆積物，答案是在 50 年後。

回到母校來報告，其實這兩句話更應問戰後嬰兒們，因為他們可以立刻提供答案，學子可回家問問自己的父母，甚至祖父母，「自由的精神，自立的工作，自在的生活」是不是隨手可得呢？還是一生都是為了一顆不能安放的「虛妄塵心」而忙碌呢？

古賢人終生都在「求其放心」而不得，西方普世價值發展到二十一世紀，出來領導世界的人居然可「自戀、自大、自負、自誇、自欺、自閉、自憐」，這些負能量有無限關聯，往後 50 年的世界能靠誰呢？領袖們不斷作出政治的豪賭，由美國到歐洲均是如此，人們何來「自在的生活」？

弘一圓寂　悲欣交集

所以學子們，任重而道遠，戰後嬰兒們在工作期間，不必面對「人工智能」的威脅，只為名利奔波。

回看生活在 1880 年至 1942 年間的名人李叔同，由名門公子，到風流名

士，再到 39 歲出家為僧，最後成為佛門高僧的弘一法師，人生 3 個階段，各有精采，但能贏得自己尊重的只有最後一個身份，死時是「悲欣交集」，留下偈語：「君子之交，其淡如水，執象而求，咫尺千里。問余何適，廓而忘言，華枝春滿，天心月圓。」

惟「悲欣交集」，才能「心淨圓明」，佛法高深，不是一般人可明白，但能自己尊重自己才能抵達彼岸。

5）得以信賴的人

「安倍末日」何時到來？應該也不遠了。7 月 28 日，防衛大臣稻田朋美連 8 月 3 日內閣改組也等不及，宣布辭職，同日反對黨黨魁蓮舫也辭職，何其巧也。7 月也是小池百合子選上東京都知事，安倍和公明黨的合作也出現了裂痕，只差安倍太后和安倍夫人有何新聞，就夠安倍焦頭爛額了。

若以政治人定義的六點──「信念、學問、人品、眼光、度量、能力」來看安倍，其實很難及格。但日本市民要經過 5 年，才有 44% 人覺得安倍「人品難以信賴」，其實有點遲。雖然不支持率達 52% 仍未算高，但支持率由不同調查的 26% 至 36%，比當年氣勢如虹，是有大分別。

日本文化的弱點是沒有自己的哲學，是「拿來主義」，古代學唐宋，今日學歐美，「衷心無誠，盡出於偽」，簽了約也不遵守，如何能建立「互信」，何來「高瞻遠矚的眼光和掌握大勢的能力」？安倍唯一擁有是「右翼信念」，拒絕承認「侵華的歷史」，不肯正視日本人口在收縮的趨勢，無視日本 GDP 對世界貢獻的衰微（2018 至 2020 年間貢獻率只有 1.5%，中國 35%），拼命要修憲成為「可戰國家」迷思，深信在黨內可以「一人獨大」，既無海納百川的量度，也無學貫東西的學問，只是目前日本的投票制度無法制衡「獨裁的首相」。

日本民眾在呼喚巨人，最少是「得以信賴」的人，何以如此難？「小泉五年」後，就是十年九相，到了「安倍五年」，得到是甚麼，是內閣改組而已。問題可以解決嗎？答案是「不」。稻田替安倍的夢幻已滅，又有誰人能出現呢？

6） 君子必敗原因

曾國藩論清朝奏議第一是孫嘉淦的「三習一弊疏」，還說「中智以上，大抵皆蹈此弊而不自覺」。一當高位，多聽諛言，這三大習，「自反實難免」。孫嘉淦（1683-1753），30 歲才中進士，有點晚，正常二十三四歲就應中進士了。康熙朝做了 9 年，無作為，康熙晚年已聽不了甚麼正言，九子爭位，雍正得位，孫嘉淦居然上奏「親骨肉，停稅納，罷西兵」，這一條就差點斬頭，雍正要表現能納諫，孫嘉淦才免死。

孫嘉淦到乾隆一朝，才得大用，這一年就上了「三習一弊疏」。三習是「耳習於所聞，則喜諛而惡直」，CEO 最喜歡是「盈廷稱聖，四海謳歌」，「匪譽則逆」，這是第一習，中智以上皆如此。第二習是「目習於所見，則喜柔而惡剛」，「上愈智則下愈愚，上愈能則下愈畏」。康雍乾三朝的君主都是「智而能」，但又「老而昏」之輩，開始一流，乾隆最後出和珅便是中招，手下「免冠叩首，應聲即是」，便是今日的 yesman，古今一般。第三習是「心習於所是，則喜從而惡違」，「意之所欲」，以為無人會違背，「會之所發」，以為一是會執行，不知道手下最善於陽奉陰違。三習之下則會「喜小人，而厭君子」。

清朝的士大夫，所謂君子只有德，如不貪財的孫嘉淦，但才能則小人和君子共有，而小人的才勝。論應對，君子訥而小人諛；論周旋，君子拙而小人

便辟；論功勞，君子孤行而小人迎合、工於顯勤，所以君子「不逐而自離，小人不約而自合」，一旦用才不用德，君子必敗，朝朝如此，乾隆以後，無得玩！

7)《中庸》的知人治國之道

筆者常談及美日文化中的「衷心無誠，盡出於偽」為代表，和中國文化最大的衝突在此，「中國通」們大都不注重文化的差異，而以意識形態差異為準。其實要求「中國通」們讀懂一本《中庸》也不為過，這其中包括了孔子所立的「萬世常行之道」，當然孔子充分了解到「三代之制，皆因時損益，及其久也，不能無弊」。

三代之制如此，現代資本主義投票制度亦如此，選舉一個總統要「知人」，《中庸》說：「為政在人，取人以身，修身以道，修道以仁。」這個人是否會修身，行不行仁道，還只是嘴上說說，看此人的行為便一知百曉，現世就有例子。

《中庸》又說：「誠身有道，不明乎善，不誠乎身矣。」一個「誠」字，一個「善」字，就是以評價是否能做領袖，美日文化不注意這一套。

《中庸》還有一套把國家治理好的方法，名為「九經」，內容是：「修身，尊賢，親親，敬大臣，體羣臣，子庶民，來百工，柔遠人，懷諸侯。」修身以道，前面已說過，尊賢還是尊敬和自己同一思維的人，今之所謂賢人，亦十分有限，親用親人那是很易的，敬大臣而不是隨時炒魷，政治任命職位沒有工作保障，下台沒有尊嚴，誰肯全心工作。體諒手下的難處，而不是日日出推文，要人補鑊。

而今之難事，對一般百姓待之如子，不是減完稅又加息加價，吸引外來工人而不是反移民，對遠方人好些而不是隨意找藉口轟炸。對盟友諸侯也要

照顧，而不是要當跟尾狗，《中庸》這「九經」好像二千多年前就度身訂造，不過相信「中國通」們未看到。

8）鄉愿與私慾

讀古書的人好罵人為「鄉愿」，但「鄉愿」是甚麼一回事？知者不多。讀過《論語・陽貨篇》的人知道：「鄉愿，德之賊也。」仍說得不很清楚。到《孟子・盡心篇》，說明甚麼是「德之賊」，指的是「同乎流俗，合乎污世，居之似忠信，行之似廉潔。」現代語是指：「同流合污、不講原則、八面玲瓏的好好先生。」所以被人評為「好好先生」，也不是甚麼好事。

美國人評人為「Nice Guy」，也就是「好好先生」，是怯懦和無能的代表，也不是甚麼好評語，所以「讀史知人」，也就是從歷史上各種人物找出例子。「好好先生」反而是大多數，是俗世和污世最容易出現的人物典型。從王陽明理論來說，就是良知被蒙蔽了，所以要「致良知」，才能撥雲見月。

至於美國實行兩黨制，各有擁護者，互相指對方是「鄉愿」不可免。在美國看電視最無聊，只因各有原則，不講「中正」，議論是「一邊倒」，美國已是分裂社會。2018 年中期選舉快來了，但看上一次 2014 年中期選舉，投票率只有 36.4%，是 1942 年以來最低，2018 年會不會再破最低紀錄？

投票率低是誰得益呢？看 2014 年結果，共和黨得到白人選票 60%；民主黨得黑人選票 89%，拉丁人選票 62%，分歧夠大的。這次沒了奧巴馬，選情有變化嗎？希拉莉的負面因素又會有何種變化呢？值得留意。

美國人如從中國文化學習，「致中和」是辦法之一，「心正則中，身修則和」，口講天理，而心中有私慾，利慾在增長而無法克制，憑偶然機會做了一兩件「合乎天理舉動」，博取好名聲，是現世毛病！

9）「恭寬信敏惠」勝「溫良恭儉讓」

據報，北京把《論語》列入高考的讀物，成為第 7 本中學生必讀的經典。悠然想起半世紀前讀《論語》的樂趣，如何以《論語》中金句作文，是提高中文水平方法之一。

不過其中很多誤解，也是多年後有生活經驗才知道的。比如「溫良恭儉讓」是孔子的代表作，培養人才以此為標準，但結果是失敗居多，若細看「學而篇」第十一章，這是子禽問子貢，為何孔子每到一個地方，一定得到當地政事的真相，是如何獲得這些資料呢？子貢的答案是，孔子與人不同，用的方法是「溫良恭儉讓」——溫和、善良、恭敬、節制和禮貌，這 5 種態度是令人願意提供資訊的方法。但解決這些政事，卻絕不是「溫良恭儉讓」可以成功的。

整個《論語》的核心肯定不是這回事，而是仁義、誠信、忠恕、和同、謙虛、謹慎。仁是最高標準，連子路可以治千乘之國，但「不知其仁也」！這是對子路的評價。整篇《論語》論仁論義不勝數，「志於道，據於德，依於仁，遊於藝」的要求，比「溫良恭儉讓」重要得多。

君子坦蕩蕩，自然有誠信。孔子之道，一以貫之，「忠恕而已」，這是「學而篇」第十五章所說的，孔子答子張如何「行仁」最具體記在「陽貨」第十七篇第六章，有 5 點：「恭寬信敏惠」，「恭則不侮，寬則得眾，信則人任焉，敏則有功，惠則足以使人」。現代語言，恭是謙恭，寬是寬容，信是誠信，敏是勤敏，惠是大方，五者做到，才不會被人侮辱，得人心，得人信任，得到效果，得到人願意為你服務。做不到這 5 點，「溫良恭儉讓」無用，現世例子如小馬哥！

10）人才所在地

新亞學長唐端正在紀念新亞成立 60 周年的「多情六十年」中介紹了錢穆的《歷史精神》一書，認為要明白「新亞精神」是甚麼，此書是必讀。年代久遠，此書難找，尚幸此書出了簡體字版，易名《中國歷史精神》，除了原在 1951 年的七篇講稿外，還附了四篇 1943 至 1971 年的講稿，內容更充實，值得一讀再讀；其中第六講是講「地理和人物」，自古至今，最能代表中國正統文化是山東人，他們最強韌、最活躍，各種典型人物都有，大聖人（孔子、孟子、曾子），大文學家（莊子、墨子、辛棄疾、李清照），大軍事家（孫子、孫臏、戚繼光），大政治家（諸葛亮、房玄齡、呂尚），大藝術家（王羲之、顏真卿）。第二才是河南、陝西、山西、河北，到近代的江蘇、浙江、福建、廣東，大體上說，氣魄不夠雄偉，僅賴北方中國祖先餘蔭，實不足以代表中國人的標準風格。

錢穆本人是江蘇人，所以沒有自捧之嫌。在 1951 年之際，中國文化都集中在東北從遼東至西南、廣東沿海一線，愈向內陸愈暗淡。從歷史教訓，中國應積極尋找新生命，誘導成新力量，而不能只顧目前。而中國文化新生，要來自內部，而不可能來自西洋，當時中國，血脈不流通，神經不健全，營養和神智，堆積在一個角落，只能「開發大西北」，這件事在二十一世紀實現了。

注意的是，「物質文明發展到一相當階段，文化便不再在此地滋長，僅是各地的人才滙向政治商業中心跑，真的成了中心，便不再出人才」。所以一地區發展到某一階段便停滯不前，是歷史趨勢，明白了嗎？

11）新人生思想和潮流

1962 年，錢穆在新亞書院舉行講座，談及在中國青年面前的都是西方外來人生思想，分別是：第一，西方耶教宗教信仰；第二，西方民主政治，所謂自由平等；第三，共產主義和集體領導；第四，個人主義。上述都不是東方文化，四者已不相顧，各奔前程，互相衝突。

55 年彈指而去，共產主義在蘇聯消失，而民主政治亦日益衰危；自由失控，平等消失，貿易懸殊。伊斯蘭教人口大漲，已超過耶教的 18 億人口，而伊斯蘭教的極端教義派興起，恐怖主義叢生，成為世界衝突的元素；加上中國崛起，推行中國特色社會主義，集體領導仍在，但有了核心。歐洲民主亦出現了保守右翼抬頭，全球化和貿易自由出現了阻力，法國新領導是一大考驗，還有 5 年時間，個人主義和資本主義發揮到極致。

2008 年出現了金融風暴，但小眾的 0.1% 並無受害，財產更多，而歐洲鄉間和美國鐵鏽帶人民並無寸進，精英分子和低產人士完全脫離，乃有特朗普現象和「脫歐」現象的發生，世界陷入不確定的 4 年。人生思想是甚麼？中國提出中國夢，因為美國夢已變成「美國優先」，與非美國人無關了，但中國推出的「人類命運共同體」、「全球夥伴網絡」，是現代網絡世界的語言，比較易懂。

世界不再是錢穆 1962 年所指出的四條路，人們無法忽略中國和伊斯蘭世界的存在，這兩個世界的文化和人生思想是甚麼，是人類共同的興趣，而在此際進行「去中國化」，當然是逆潮流死抱「英語、民主制度和人口增長」為護身符，亦只是螳臂擋車，逆勢而行！

12）歷史預備未來

　　研究歷史的最大功用，不是回到過去，而是幫忙預備面對將來，所以「美國再偉大」只是夢想回到過去偉大時刻，但美國在二戰後提出巨款援助歐洲的光景，是不能再重複的，正如中國歷史上王莽要回到先秦時代，得到的是失敗；宋儒要回到三代，放棄漢唐，亦是不成功的。

　　歷史上的政治人物，要做好事很難，但做壞事卻很容易，比如發動戰爭，人類的愚蠢行為是一而再，再而三，歐洲 500 年戰爭，就證明人類的暴力和愚蠢是無法阻止。

　　二戰後沒有再發生核戰，得到 70 年的暫安，是世人之福，歐盟的成立是歐洲人走向全球治理（Global Governance）的第一步，但不幸英國意外地要「脫歐」了，美國又要「優先」，世界又走向「國家自主」的方向，但人類仍要面對氣候轉變、人工智能取代人類工作、大量移民、大量難民、貧富懸殊等問題。

　　如何教育下一代面對這些問題，是父母最大危機，跑贏在起跑線一點用都沒有，因為 20 年後，人工智能取代的不是工業革命，機器取代勞力，取代中高級工作，問題是全球性的；但目前解決方向是各家自掃門前雪，是國家性的。

　　人類是不是要有一場大災難才會走向全球合作治理？連西方人都明白，不可預測的美國總統特朗普無法解決問題，而現代中國模式，「世界生命共同體」才是最有希望協助世界解決困境的希望，當今世界比 100 年前好得多，因食得太好而死的人比餓死的人多，自殺的人比被殺的人多，是有進步，但最後受苦的是誰呢？

13）南北朝人物在僧道

魏晉南北朝長達 360 年（220 年至 580 年），中國政教衰息，聰明志氣無所歸向，政治上南北分裂，五胡十六國以異族主導中國。社會上出現名士好清談，高僧談佛法，名士世族在不安寧的大世界中，過着他們私人安寧的小世界，精神和內心需要寄託，於是乎莊子、老子和佛學並駕而出。道教最出名是王羲之，去官後，與道士共修服食、採藥石，不遠千里，不只是寫書法而已。當時名士不經營世務，又安富累世，大把家財，轉至「求長生，樂清淨，自首過失」，以保家祿世澤綿長。

其後又轉而信佛，五胡時代的高僧先是西域人的竺佛圖證，鳩摩羅什（龜茲人），推出佛法，至梁武帝時大盛，中國人才知道「涅槃」境界，「三世因果輪迴報應」，人生宿業，纖微必報。西方人不知佛法，不信因果，乃有所謂「霸道、自大、自私」的行為，充分表現於華爾街和華盛頓。

佛家指出眾生有「邪迷心」、「誑妄心」、「不善心」、「嫉妒心」、「惡毒心」，於是煩惱無邊，如何「頓悟成佛」，西方人無法理解，但在魏晉南北朝時代，中國出了一批第一流的人物，誠心求法，宏濟時艱，品德學養俱佳，如道安、僧肇、慧遠、法顯、竺道生等，錢穆稱讚之為「以極偉大之人格，極深之超詣，苦心孤詣，發宏願，具大力」。上窮宇宙真理，下探人生正道，而不是與一般名士安於亂世，惟務個人私利者相同。其間達摩東渡，傳了禪宗，到六祖慧能和他的弟子們，將禪宗推到高峰，《六祖壇經》、《無相頌》，流傳後世！

14）非典型人物

小布殊時代的白宮亞洲事務主任評特朗普是異類，是個家族企業頭頭，

不是所謂美國 500 大的 CEO，所以中國人要了解特朗普容易，西方人則較難，英國人用到莎翁筆下的 King Lear 來說明特朗普，也是受文化所限。中國人不同，有幾千年的皇帝史，一姓而治天下，首先講血緣，第二講忠心，聯邦天下，法制不為民所設，可以「藐視規則，不顧程序，攻擊制度」，這不是那些昏君所為嗎？

重用公主駙馬，有何稀奇，唐朝的公主駙馬還少嗎？太平公主、安樂公主時代，才最不太平安樂，隨時炒手下魷魚。看看崇禎皇帝，17 年換了 40 多名首輔，You are fired，已是慣性動作。美國人不懂得「功高蓋主」的危險，班農被炒，遠因種在上了雜誌封面，當了一期的「話事人」。至於寫推特，就是「下聖旨」而已，雍正最優為之，但都是秘密發送，因為當時未有互聯網，皇帝大都是自戀狂，天縱英明，無人能及，自以為是，忤逆不得。

當然皇帝不會和人握手，不會「握手功」，因為人人要叩頭，你以為他不想嗎？普天之下都是美軍，所以要巡遊沙地，還要千億朝貢，若不聽話，就要參加制裁斷交。今天美國人還未適應特朗普這種「非典型商人」，傳媒「各行各是」，手下「自把自為」，皇帝不可能甚麼都曉，直到下課！

15）人生關鍵轉折點

日本人說 60 歲以上的人應將自己的人生經驗和體會傳給年輕人，能夠影響一個就是一個，《讀史論人生》（商務）就是一本如此的書。筆者出版這書已是第 48 本了，有年輕的讀者羣是好事，筆者要勸告年輕父母不要注重「起跑線」，因為人生最大影響是「關鍵轉折點」，這些點有時過去了也懵然無知，時來運到卻把握不住，歷史太多例證，書中談及自小養成良好質素，比如「受得成功，耐得失敗」，青年最怕失敗，不敢嘗試，人生大忌。

　　打高爾夫球術語，Never Up Never Down，「不將球打過洞，永遠不會進球」，是人生至理，「受得成功，耐得失敗」，要自小訓練，考第幾名，半點意義都沒有，筆者一生從未看過兒子們的成績表，能在「關鍵轉折點」上發揮出才能和德業，影響一生是輝煌還是苦難，看看文天祥和汪精衞的考驗，如何能不讀史？也看看特朗普這個自戀狂兼獨裁 CEO，人人未必一定贊同或反對你的意見，但你的風格 Style 不對，一切也就完了，當上總統是命，當不當得好是運，中國帝皇們俱是如此，筆者在《論人生》書中，例子眾多，世上當了崇禎式的領導，還少嗎？

　　筆者另一服膺的理論，是「尋常禍福機轉，安之若素可也」。小小一個測驗都令青年們緊張莫名，是莫須有的，考不考到甲級學位，也不外如是，只是求學上進的敲門磚之一，為了正義也不可以不擇手段，何況為了分數，人生總是由慷慨激昂開始，「莫負少年頭」，「白首變漢奸」，可與入幼稚園名校無關！

16）寧靜而平淡的生活

　　愛因斯坦 1922 年在日本寫了一段名言，作為給服務員的小費，據稱這張紙條如今在拍賣場價值不菲，其名曰：「一段寧靜而平淡的生活所帶來的快樂，遠勝不斷追求成功和無休止的坐立不安。」美國人聽到了這些智者之言嗎？看來沒有。

　　「功利之心」在王陽明的明朝也有，記錄在《傳習錄》中。到明代中葉，功利流毒已深入人心，大部分民眾是「相矜以知，相軋以勢，相爭以利，相高以技能，相取以聲譽」，用現代語就是大家互相誇耀知識，互相傾軋權勢，互相爭奪利益，互相攀比技能（今日當然是高科技），互相競爭名聲。

　　所為者何？不外乎高官厚祿。明朝那時代，管錢糧的想管司法，管禮樂的要當吏部主管，當縣官的又想當省部高官，管監察的卻目標在宰相之位，本來沒有某方面的才能，卻想做某方面的高官，不通曉某方面的理論，就不能獲某方面的榮譽。但實際現象卻是：記誦廣泛，剛好增長其傲氣，知識豐富，卻足以令其作惡，見聞廣博，令他們隨意詭辯，文章富麗，剛好掩飾其虛偽。

　　這些人所打出的旗號，正如是想完成天下人共同的事業，不採取如此手段，就沒法滿足其私慾，功利之害就是如此。王陽明嘆這是千年不變，孔孟之道，自然成為累贅和迂腐之見。王陽明創出「致良知，吾性自足，知行合一」之說，為的也是去「功利之心」。

　　但王陽明死後不到 30 年，其說已衰，幾百年後有新文化運動，打倒孔家店，天理不在人心，功利打倒天理，哪能有「寧靜的生活」！

17）佛系青年和創業青年

　　2018 年的「九十後」是 19 歲至 28 歲的一羣，不再是少不更事，而是要擔當和打拼的季節了，東西方對這一個羣體各有稱呼，美國是「千禧一代」，英國是「Y 一代」，德國是「或者一代」，西班牙比較負面，是「無無一代」，無學上、無工打；日本是宅男宅女的「宅一代」，台灣是「小確幸一代」，大陸是新網絡名詞「佛系青年」，香港是何類，可以想想！

　　佛系青年不是想成佛，也不是遁入空門，而是「安於現狀，對物質無過度要求」，這是老人家心態，不適合奮發有為的年齡，日本宅男宅女如何產生，那是日本「迷失 20 年」的產物，一出生，日本便到達了頂點。

　　1989 年的日本可以買下美國，美國人最怕是日本人當老闆，但急促升

值（日本貨幣和房地產），兩年間後遺症發作，日本中產由富可敵國到破產跳樓、三代供樓，但日本已進入福利社會，國民由國家供養，青年們可以由父母國家供養一生，變成宅男宅女，不要房、不要車、不要對象、不要婚姻，遑論生子。

日本成為「低慾望社會」，「無夢想、無拼勁、無慾望」，安倍這位遠離青年的政客，還要搞修憲，加強軍力，實在不知民情；台灣青年，事事學日本，只求小確幸，前途茫茫。佛系青年，亦有點像，只怪「樓價太高，薪水太低」，其實有沒有樓，已是一念之間。

在互聯網時代和人工智能時代，青年人遲幾年上樓，不是問題，商業模式劇變，上升通路有的是，10 年前誰知道馬雲和馬化騰，他們需要買樓嗎？每一代都需要創業青年！

18) 戰後嬰兒的煩惱

回顧中港台三地的騰飛，時間雖然不同，港台先行，大陸後發，但得力的乃戰後嬰兒這一輩，大陸環境特殊，出現了 1978 至 80 年入大學的羣體，名為「老三屆」，特徵是「有知識，受得了委曲，有擔當」，受得了委曲，當然吃得苦，沒有怨言，有擔當，不怕負責，受得風險，自環境一對了，就有回報。

不論在商界、在政界、在學界，都出人頭地，這羣體如今在 60 至 70 歲左右，事業有成，家財豐厚，也該是為社會做點事的時候，最大的問題，是「修身，齊家，治企，平世界」中的齊家。年輕時沒時間，感情未必專一，家族繁衍，子女眾多，人生到了晚年，家業如何分配，誰來繼承，大概和歷史上那些皇帝和大家族的族長的問題一樣，在偌大財富前，親情是不堪一

擊，何況族長們卻是講威信的，親情本就難建立。最佳投資也是送出國外入名校，得了知識卻未能得到智慧，在西方熏陶下，更學會「一言九頂」，或者陽奉陰違，大家鬥長命，這是戰後嬰兒們是無言之疼。

如何從「富二代」中找到「真王儲」，可比登天還難，當然生活方式是「朝九晚五」，還是「晚九朝五」，不難分辨，「晚九朝五」是晚上 9 時才出動，凌晨 5 時才回家之謂也。

「修心養性」必須有巨大衝擊才成，如何再訓練下一代「有擔當，受得了委曲」是最後的考驗。林則徐名言：「賢而多財，則損其志，略而多財，則益增其過。」這是世道的必然，華人學不了西方人，全部家財作慈善，是捨不得，巨大財富亦是巨大誘因，總有解決方法！

19）論人才庫

據報中國二〇〇八年大學畢業生人數達八百二十萬，歸國留學生達八成，人數超過六十萬，所以人才庫又增加八百六十萬。美國大學生大約二百萬，是中國四分之一。加上嚴厲的移民政策，留學生想留下來也不易，中國企業如華為還出高薪招聘財務尖子，先送往非洲實習再出國，人多自然出人才，所以長此以往，人才紅利是中國優勢。人均 GDP，中國是美國七分之一，若以 PPP 計算，則降至四分之一，中國人均 GDP 的增長，亦勢不可擋。中國正在努力令窮困戶脫貧，收入平均亦是目標之一，當然美國科技仍領先甚多，但中國科技創新在人才紅利下，取得進步是無疑的，港台科技人才亦只有投入中國隊才有更上一層樓的機會，台灣目前面對的是人才流失的局面，人才西進是自然流失，連青年人也流行西進來學，畢業也就留下來在台商企業工作，而台灣對外來人才的吸引力不大，薪金水平太低了，本地人還可以

用「小確幸」來自我安慰，外來人才卻沒有如此自欺的概念，但台灣人才有語言優勢和薪低的現實，比香港優勝，香港回歸已廿年，何以普通話教育還是如此失敗，確是浪費兩代人，但無論如何，港台提供的人才庫數量太少了，只是總量的 3%，全是尖子是好，但又不足，連英語也相形失色，何況未來前途在「一帶一路」的沿線國家，要迎頭趕上，對「一帶一路」的文化和語言能夠掌握，又是一個家長們認為「暫時無用」的學問，但不投資，無回報，世事如此！

歷史的精神

1) 由致新亞人公開信到《人生十論》

　　新亞院長黃乃正兄發了義正詞嚴的〈致新亞人公開信〉，筆者身為校友，當然亦收到一份。對師弟的無禮行為，亦覺汗顏。但調查裁決亦只治標，未能治本。最後應回歸中國文化、新亞精神。錢穆作為創辦人，苦心孤詣，建立新亞校風。即使離校，仍誨人不倦。竊以為新亞新生入學前，最少要讀通錢穆在 1978 年寫的〈人生三步驟〉（共 11 頁）和 1980 年寫的〈中國人生哲學〉（共 13 頁）。短短 24 頁道盡人生之道和未來中國人應如何。1978 年，錢穆已經 82 歲，眼睛已盲，但仍勉力為學生們傳道授業。他感嘆教育之變化，百年前上學有「修身」課，教人如何做人的道理，後來改了「公民」課，教人如在一個國家政府下，奉公守法，守法只是做人最低的標準。錢穆那時不知道「公民」課亦被「通識」課所取代，究竟是瓣瓣識些，還是結果瓣瓣不識，就不知道了。

修身是自由　放縱是大敵

　　錢穆記為當時的學子拼命學習美國，要「民主自由人權」。人權還是美國卡特時代輸出來當外交利器的，天賦人權是一句外國話，中國自古到今

4000 年，不曾講人權兩字。為甚麼呢？因為「中國人只看重做人道理，便不再有人權之爭」。小孩在家庭自少教「孝道」，那又何必要「父權」呢？説到自由，有「積極的自由」和「消極的自由」，修身就是最大自由。在大社會裏，人不可能有無限的自由，職業是沒有自由的，每一份職業都有一些限制，有程序、有步驟、有規範，哪得隨意自由？學生上了班就知道。修身是消極自由，「人必有所不為，而後可以有為」是古語。有些事是不能做不能講的，那是消極自由。另一位教育家蔡元培，亦討論過「自由與放縱」，自由是有度、有底線的。「不自由，毋寧死」，那是過得了自己良心的事，若果「過於其度而有愧於己，有害於人，則不復為自由，而謂之放縱」。放縱是自由之敵，人的自由以良心為準，而良心是從小自家庭就要培養的，家長要負責，早早教子女看對的書，不要認為迂腐，否則害己害人。這些道理是百年前就有，五四運動到今年就百年了，五四的學生反對巴黎和約是自由，火燒趙家樓，禍及無辜的婦女小孩，就是放縱。梁漱溟當時就譴責了學生們！

　　錢穆的〈人生三步驟〉要慢慢品味，第一步是生活，衣食住行，基本生命的維持和保養，是物質文明。生活是為了生命，數千年來，變化不大，奢華生活只屬那 0.1%，是極少數。一般人就是穿衣食飯，孔子顏回也差得不多；第二是行為和事業，那是人文精神。行為就是修身齊家、父慈子孝、兄友弟恭、夫婦好合。到二十一世紀，確是很難了。由自己做起，勉力而行吧，最少做一個「靠得住」的夥伴，不管是父是子、是兄是弟、是夫是婦，都是要全力的。事業來説，學生就是做學問，要「立志養志」、「愛國家愛民族」，有機會「治國平天下」，挺身而出，否則繼續你的志業或職業。世事是不平等的，志業和職業相同，是人生之福，大多數人只能分開來做！孔子説：「志於道，據於德，依於仁，遊於藝。」道是人生大道，德是德性人格，仁是博愛（韓愈語）。遊於藝，古代講的「藝」，現代則對為「民主、科學、政治、

經濟、文學、哲學、物理、互聯網、量子科技」太多藝了。政治只是其中之一，還不是最重要的藝，甚至民主政治在西方已開到荼蘼，到大手術的時間了。我們要放眼看，沒有一樣制度在歷史上是永續而不變的。所以錢穆說「仁志禮是中國人講的人生大道」。

文化不相同　國人宜自省

　　黃乃正院長信中講禮，就是人生大道，說無禮的粗言髒語是不自重的行為。既然入了大學，就要自重。第三步驟講歸宿，「人生歸宿在人性」。人性就是人的天性，完成我的天性，就會得到安樂康寧，做人生最後的歸宿。「天命之謂性」，「性就是德，德就是性」，所以人生最高歸宿就是「德性性命」。諸葛亮生於亂世，亂世人家要「苟存性命於亂世，不求聞達於諸侯」。苟不是苟且，是保存。保存德性性命於亂世，以求最後發揮作用。「德性性命是個人的，而同時亦是古今人類大羣共同的」，人生一切應歸宿於此。錢穆活到 96 歲，此前再悟「天人合一」的道理，最後「落葉歸根，魂歸故里」，歸葬太湖邊，筆者去過拜祭，風景優美。錢穆得到安樂的歸宿，遺作有益人類。

　　錢穆 86 歲再為學子講中國人生哲學，錢穆提出一個問題：中華民族九億人口（如今已是 14 億了），如果沒有一本或兩本大家共同必讀的書，對民族國家的前途，相當嚴重。西方人有一本《新約》（也式微了），回教民族有一本《可蘭經》，中國古人有「四書五經」，今日是甚麼？是《易經》？是《道德經》？是《六祖壇經》？文言文真的太難嗎？網上的火星文也不容易！從小學甚麼都不難，最重要讀是修身的書，學識做人的道理，不要一天到晚「去中國化」，取消中國舊文化，服從西化，其實就是美國化。遠在 37 年前，台灣已有「台獨」的呼聲，到二十一世紀更有「港獨」、「澳獨」的出現。按

錢穆的講法：「美國人一到台灣便想，台灣人雖然亦是中國人，但到了台灣已幾百年，台灣當然該獨立。」這原來都是美國人的想法，美國人自己到北美洲不到 200 年也搞獨立了，這就是文化的問題！錢穆主張中國人總該有中國人自己的想法，「中國人要認識自己」，「能保留的便該保留，能發揚的便該發揚」，不能一天到晚求變求新。我們已變得夠變，新得夠新了。不能一天到晚發「美國夢」，而無「中國夢」。如今「美國夢」不是已褪色了嗎？

做人先立志，不能輸人格

　　錢穆說了一個 60 年前初辦新亞的故事，有美國人問他香港是不是安全？他說比較起來，香港必比美國要安全些。美國人大出意外。他說那是冷戰時代，美蘇隨時互擲原子彈，香港沒有資格讓你們擲原子彈！美國人啞然。60 年後，美國朝鮮問題又來了，美國有了「九一一」，拼命要移民美國的人有想到嗎？香港還是較安全的。老實說，美國俄國關係仍好不到哪裏，錢穆的看法是到美國俄國都「不可靠」了。大陸台灣問題就解決了，當然「和平統一」，還獨甚麼？37 年前，大陸對台灣，是「一個毫無所知的世界」，台灣人（香港人亦一樣）既看不起也不願意去的地方，但依然去了，這就是人生改變的問題。筆者亦是在這個時間開始作大陸「開荒牛」了，還好替法國人辦事，還肯聽香港人的話。美國人則志得意滿，驕傲得不得了。就在上世紀 80 年代，美國人已不懂得如何做世界第一大國和做全世界領袖。原因是「他們遠離了文化大傳統歐洲本土，已有 400 年」。他們在想自己是不會失敗，但又不用全力，只打一「不求勝利的仗」。歷史在二十一世紀又重演嗎？錢穆總結人生是不可有驕心，「驕則心滿，而對外易啓爭」。中國人只提倡「謙虛和合」，絕不教人心滿意足，絕不能為所欲為，稱之為「航行自由」。美國在南海不是如此嗎？

　　錢穆演講時認為他一生都在亂世（1895 — 1980），中國其實是自 1980 年至 2017 年是得暫安近 40 年的。但目前世界又有點亂了，中國相對上是最安全的。亂世中，錢穆勸人學諸葛亮的「淡泊明志，寧靜致遠」，才能「做第一等人做第一等事」。當然錢穆已看不到一帶一路的雄圖了，也不能有甚麼建議了。中國人少不免全世界跑了，忠告是「不要驕傲，要謙虛，要謹慎，要有禮貌，要懂退讓」。和人相處，這是放諸世界都準的。做人先立志，不能失敗在人格。西方人講人格是法律上的名詞，中國人是指德性上說的。「淡泊明志」的志亦指人格，沒有人格就不是人，這是中國文化。希望新亞人好好拿這本錢穆的《人生十論》，看看這兩章令人頓悟的文字。是為禱！

2）　由新亞精神到馬雲的未來世界

　　筆者一篇〈由致新亞人公開信到《人生十論》〉居然成為熱門文章之首多日，可見這個問題是受人關注的。影響新亞人最多的當然是新亞精神。新亞精神是甚麼？何以 2017 年居然出現了這封信中如此表現的新亞人？自然有其深層的原因。但最主要恐怕是歷史哲學不再受今人的重視！新亞自 1949 年創校以來，因為有錢穆、唐君毅等大師在校，在那個以理科為主的時代，仍然吸引不少學子。「桂林街一代」的師生們的艱苦，確是有如新亞校歌所寫「手空空，無一物，路遙遙，無止境」。筆者是「農圃道一代」，環境已好得多，最少住宿舍是 4 人一房，各有書桌。要動時有籃球場，要靜時有圖書館。打橋牌有 canteen，捉圍棋有圓亭。能入大學不知有多幸福，從來沒有為將來的職業而擔心，師生仍是打成一片，沒有隔閡。新亞校歌每週開會唱，大家琅琅上口，畢業後數十年仍不忘。「艱險我奮進，困乏我多情」、「趁青春，結隊向前行」，果然大家都創出不同的事業。但新亞精神是否如

此簡單？「東海西海南海北海有聖人」，怎麼會是新亞精神呢？問題困惑了數十年。第一屆新亞大師兄唐端正，在 2009 年的新亞 60 週年紀念刊物提供了答案。

不朽的新亞精神

　　新亞精神多年來由錢穆和唐君毅兩位創校人闡析甚多，唐君毅談「人文精神」，錢穆談「歷史精神」。而真正要了解新亞精神，要研究錢穆所著的《中國歷史精神》。在研讀這本書之際，又發現了 1953 年在新亞校刊中的〈新亞學規〉，編輯是唐端正。老實說，這份〈新亞學規〉在筆者時代，已經無學長介紹。和諸位同屆的老同學們相問，最勤力跑圖書館的那幾位也未知。不過我輩是商學院同學，理應不知。也許文學院的同學們會被耳提面命也未可知。這就是當年（1968 至 1970 年）的現實，錢穆已經離校了，兩番重要演講 ——〈中國歷史上的道德精神〉（1951 年）和〈中華民族歷史精神〉（1971年）都是應台灣之邀而講的，但都收集在《中國歷史精神》中。〈新亞學規〉如今懸掛在農圃道新亞中學的走廊中，反而在沙田的第三代新亞人未必有所知。但總結那廿四條學規的原意是：「凡屬新亞書院的學生，必先深切了解新亞書院之精神」。但條目雖多，只講三件事。一、求學與做人，齊頭並進。二、完成自己的人格。三、憑學業與人格來貢獻於你敬愛的國家與民族、人類與文化。敬與愛是錢穆一直強調的，人生的最高滿足，不在錦衣玉食、家財萬貫，而「在享受到人心的愛與敬」。不論「人愛我，人敬我」或是「我愛人，我敬人」，得到的快樂和滿足，是一樣的。學術是自由的，但「要養成不咒罵、不意氣的正當態度」。新亞人又怎可以粗言穢語，漫罵無方呢？錢穆在書中提出「不朽論」和「性善論」，作為中國道德精神的最高涵義，只有永遠活在別人心中才能不朽。

　　「不朽論」是指春秋時代魯國上卿叔孫豹和晉國上卿范宣子的對話而來的。范宣子認為范家上自堯舜時代，經夏商周三代，相傳 2000 年而不倒，可謂不朽了。叔孫豹說，那只是世祿，不是不朽。不朽有三：「立德、立功、立言」，而立德第一。後世大概只有孔子家族，如今 2568 年了，但不朽的仍是孔子的學說和德行。范氏家族也算厲害了，如今安在哉？富不過三代，所以錢穆主張中國文化精神，是「道德精神」。「中國歷史乃由道德精神所形成，中國文化亦然」。道德精神是中國人內心追求的一種「做人」的理想標準。至於孟子的「人性善」的理論，「善」便是「道德精神」，那亦不必多說了。孟子指出，人性雖善，罪惡亦多。原因有三：環境不好，和教育不良，人不為善，為外勢所逼所誘。筆者職業生涯，沒有「三不朽」，但有「三不受」：「不受不義之財，不受飛來豔福，不受嗟來之食」。總算安全度過那個環境不良的金融海域，多少人喪生於此！

知識分子待人處世要保持謙卑

　　錢穆談到民初以來各種運動和知識分子所作所為是有微辭的。總結有五點：一，中國輕言民眾革命（諸如佔中），往往發動既難，收拾不易，所得不如其所期，而破壞遠超於建設。二，中國歷史常於和平中得進展，而於變動中見倒退，不在變動之不劇，而在暫安之難獲（終於等來 1978 年之改革）。三，自居「文藝復興」（Renaissance）和「宗教改革」（Reformation）之健者，不明國史真相，肆意破壞，輕言改革，悍於求變，忽於謀安，當有其應食之惡果（今日香港亦見之）。四，民初知識分子，誤讀西方理論（百年來代代有之），認為中國「民無權，國無法」，已 2000 年了，要相信「德先生」（Democracy）和「賽先生」（Science），不知道世上無一事可以永續的。五，忽略中國有「考試」和「銓選」兩大制度足以達到全民共治。「天下為公，選賢

與能」，是西方制度所不能及。如今歐美已百病叢生，西方再無政論家了。錢穆在書中指出政論家是：「必將於傳統文化深知其義，又能深切了解世界之大趨勢，斟酌中外，權衡古今，乃能盡其高瞻遠矚發蹤指示之大任」。

　　談到教育之不良，錢穆嘆惜「新生代青年」的精神世界沒有成長，形成「有理想沒方向，有個性沒主見，有學歷沒學問，有知識沒文化」。補救之道，唯有敬愛。〈新亞學規〉中就有「敬愛你的學校，敬愛你的師長，敬愛你的學業，敬愛你的人格」，有「人格」才得謂之「人」。錢穆主張「不論任何環境條件都可以做一個理想的完人」，中國歷史證明不論治亂興亡，不斷地有一批人永遠在維持「道」。這就是錢穆認為「新亞人」的歷史使命和努力方向。錢穆去世 27 年了，中國正由開發東南沿海，到開發大西北，更由開發國內到「一帶一路」，向全球發展了。有何忠告呢？「不要驕傲，要謙虛；要謹慎，要憂患；要有禮貌，要退讓。與人相處，與全世界相處」。最後天人合一，中國仍然處於世界第二，但觀乎美國總統在聯大的表現，正是最佳反面教員。中國人要慎之。中國不必有敵國，要應付是疾病、貧窮、環境污染。那天下就差不多太平了，就是那「兩個 100 年」的來臨吧！當然再過卅年，就是馬雲所說的互聯網世界了！

科技時代的「人機合一」

　　民初流行的「德先生」不成了，「賽先生」呢？勇往直前。根據馬雲的說法，世界已由 IT（Information Technology，資訊科技）進入 DT（Data Technology，數據科技）的時代了。錢穆若在世，也不會了解科技如何由「自我控制，自我管理」，一蹴而變成「服務大眾，激變生產力」的世界。DT 的大數據形成「人人為我，我為人人」的局面。馬雲更說 30 年內，將是機器人時代，取代大部分人類的工作。所以教育要適應，新時代學子不能再學機器人所具備

的知識了，只能學會機器做不到的事。智商 (IQ) 不管用了，現代流行情商 (EQ) 亦不管用了，要愛商 (LQ) 了。原因是機器人是沒有感情的，不知道錢穆所說的「敬與愛」。機器人會對歷史存着溫情和敬意嗎？科學是不會教人「做人」的！機器人可以滿胸載滿歷史資料，可以成為世界圍棋冠軍，但會學識仁義忠恕孝悌和合嗎？恐怕艱難！機器人可以「三不朽」，可以「行性善」嗎？看來都不會。「生命不可以用知識和權力來衡量，只有行為和品格，道德精神，才是真生命」。所以說，機器人是沒有生命的，也不會得到快樂和滿足的。現在的科技專家們，要追求「人機合一」，要人和機器合為一體。事實上，人類要追求的是「天人合一」，人要和自然合為一體，才是道理。所以馬雲所說的不論 IT 或 DT，只會帶來效率和方便，而不會帶來「敬與愛」，而「敬與愛」卻是人生「最高的愉快，無上的滿足」。這也是科技的缺失。

30 年內，香港將面臨老人社會。老人們如何優雅地、體面地、從容地走完人的一生，在科技變幻莫測之下，亦少很大變數。子女們空有敬與愛，卻未必有時間和精力。機器人能否代替子女盡孝，成為人人心中的疑問。要將機器人兼備「智商、情商和愛商」能成功嗎？希望會。但無論如何，中國歷史 5000 年，也就是如此過來了。每一代人都有其所背負的歷史使命和應當努力的方向。錢穆的新亞精神，亦即歷史精神、道德精神，不外乎如何做一個人，有「修養、文化、眼界、智慧、涵養、氣度」，修身齊家，敬愛父母，是必然的。放眼世界，人類前途命運所繫，錢穆認為「有賴於東西兩大文化體系之綜合與調和這一番大工作之成功或失敗」。這當然不可能在 11 月特朗普訪華所能決定，只要不變壞，就萬事大吉了。

總而言之，錢穆離去快 30 年了，馬雲描述的未來世界 30 年內就到了。錢穆留下新亞精神的火種。要大家無忘歷史精神和道德精神，做一個有人格

的人，知道自己的位置和使命及方向。敬愛自己的祖國民族。不一定要做到天人合一，但也不要害怕人機合一的未來。是為禱。

3）在旅途中體悟天人合一

　　和新亞書院 1970 年畢業的老同學們同遊閩浙之旅，旅途中討論了錢穆「天人合一」的看法。各老同學要筆者錄之為文，要大家不要只知要到新亞校園合拍一幅「天人合一」的景色，而不知其義。老實說，入學已 50 年有餘，知「天人合一」一詞多年。若不是近年多讀錢穆遺作，也就是人云亦云了。不過連錢穆也是到 95 歲才悟出其真義，但晚年亦只能口述，未能全力經營，後學只覺其淺白，但閱後即忘，亦是正常。此行路過古鎮泉州，入拜孔廟大堂，見到懸在大堂正中最高一匾，是「道洽大同」四字，赫然震動。到現世，2020 年，亦只能達到「小康」，可見孔老夫子境界之高。吾人尚需努力數百載，才能天下大同吧！但「一帶一路」，「世界命運共同體」，「天下一家」，豈不是錢穆所希冀是「中國傳統文化再次領導世界潮流」之起點，而達到「天人合一」，不只是中國人的專利，而是世界共同之目標。

天之道與人之道

　　此行程途經泉州開元寺內的弘一法師李叔同紀念館。李叔同是民國奇人，由儒入佛，死前「悲欣交集」，留下四字，亦是知人生之道之人，在晉江草庵留下一聯曰：「草積不除，時覺眼前生意滿；庵門常掩，無忘世上苦人多」亦天人合一的境界。當年到清源山老君巖，見石刻《道德經》，見到經上所言：「天之道，損有餘而補不足；人之道，損不足而補有餘。」不是天之道是儒佛道三者共通，真是不出門遠行，不知天下事也。

　　錢穆認為「天人合一」是中國文化對人類的最大貢獻，而「人品德性之高下，各以其離天命遠近為分別」，而解析「天人合一」最重要是《中庸》開篇之三句：「天命之謂性，率性之謂道，修道之謂教」天是天命，性是人性，這裏說明了天和人的關係。人性是上天所賦予，所以人的性格是天的一部分，人就代表了天，遵循人性就有了道，道有「天之道」，亦有「人之道」。「人之道」要修和養，才能達到「天之道」。「天之道」的標準是不變的，所以不論任何環境，都可以修練得到，修到有人格的尊嚴，就是聖人了。聖人是人人皆可為之，所以朱熹有「通街都是聖人」之說。修道之謂教，因為人之道要不斷修明修正，要教化教育，才能達到「天之道」，才能「通天人之際」，這是中國國民性有異於西方人的地方，而修道也因天時地利和社會人羣而有別。

　　性有天性人性，所以說有人天性淳良，但人性都有醜惡之處，所以才要修養。新亞人毋忘也，道亦有人之道和天之道。人之道表現出來有「孝道、厚道、正道」，亦是中國人檢驗人生的標準，西方人忽略了這些重點，追求人權、物權、事權，難怪只有一時之效，強橫只得數百年，當然西方人也講mother nature，但西方人更講天堂，將人和天分隔，人要死後才有機會到天堂那裏，而中國人在生前就可「天人合一」了。儒家文化以聖人境界只是達到「人格尊嚴」層次，比西方追求所謂「人權」要高得多，李叔同談佛教不論大乘小乘，不必拘謹，只是導人為善，不為迷信。佛教有六道輪迴，是指天道、阿修羅道、人道、畜生道、餓鬼道、地獄道，但主要仍是天道和人道。傳說中唐太宗，一代明君，也只能重回人道，和天道相距甚遠，而西方人不知，最高者亦只在阿修羅道：「瞋心極重，以爭鬥為樂」，看看美國總統便知！人若只能在爭鬥中才感覺自己存在，才能實現人生價值，可悲也。

淡泊明志　寧靜致遠

錢穆最喜歡用諸葛亮以人生修練的例子，「苟全性命於亂世」是其一，說明在任何環境都要保存人格德性，而不是苟且偷生，不追求個人的榮譽、物質的多寡、職位的高低、地位的變遷，以及說話是否一錘定音：人之道和教育之道。這是達到「完整的人生」，追求「天人合一」，而不是「財富歸一」，其二是「淡泊以明志，寧靜以致遠」。只有在拿靜的外在環境和寧靜的內心世界，才能有寧靜的思想，才易於「天人合一」。在福州入林則徐祠，見有三句話：「心高氣傲，博學無益，時運不濟，妄求無益，淫惡肆慾，陰騭無益。」多做無益之事，自然難於「天人合一」，這是這次浙閩之旅的感悟！

4）論氣象

1987 年錢穆在新亞書院演講，說到「中國人人所必讀的書：《論語》、《孟子》、《老子》、《莊子》、《六祖壇經》、《近思錄》、《傳習錄》」。那是指科舉時代的中國人吧！

《論語》、《孟子》、《近思錄》是儒家經典，中國人家中有一本也不錯，能不能常讀，存疑。

近日翻到《近思錄》的第十四卷，「聖賢氣象」，不禁想到「氣象」是甚麼一回事，堯舜湯武文王武大禹孔孟，是能學嗎？只能想像得之，等而下之，只能看現代人物的氣象，氣象是有諸內，形諸外，不是扮嘢，可以愚民，但騙不了明眼人，「現形記」也不需很長時間。

錢穆論聖賢，德性無分法，分別在氣象，「一有跡，一無跡，一禪讓，一征誅。」這是講堯舜、湯武和大禹、文王之間的分別，今人皆非聖賢，不

必論德性，只論氣象，《傳習錄》註解氣象，是指人的「氣度、氣局、風神、景象」，這是文言文；以堯舜為例，是溫良恭順之人，到孔子何以加上「讓」這個特性？但「當仁不讓」又另為註解。湯武肯定就是征誅之輩，講實力，不可能溫良恭順，用現代語言用說，氣象是指「行為、舉止、談吐、相貌、魅力」，表現出來，當中亦可分「深沉厚重、磊落豪雄、聰明才辯」，等而下之的氣象就不說了。

政治表演亦講時間性，過了蘇州無艇搭，如今最出醜是「勘災之力」，不能第一時間出馬，一切徒然，只能讀文章，依書直說，就難有氣象，所以看氣象在答問，「氣急敗壞、拂袖而去、一言不發、不知所措」都是無氣象可言，不能說是個性內向，還是外向，氣象發乎於內，如此而已。

5）政治人的氣象

「時來天地齊使力，運去英雄不自由。」這兩句是 2017 年 7 月對政治人最佳註腳，看支持率只是後知後覺，是運去後的調查。

特朗普支持率 36% 未算低，安倍跌至 29.2%，蔡英文 28%，朴槿惠下台兼下獄，李顯龍有家族糾紛，都是「運去」的表現。

看政治人看「氣象」，上台之際，最光芒之際，也看不見氣象萬千之姿，前途就堪虞了。到了科技社會，一切變化之快，難以逆料，政治人的定義是甚麼，《政治的人生》(1995 年出版，上海人民出版社) 說：「一、擁有在死亡面前也不變的信念；二、縱貫東西的學問；三、令人不得不仰視的人格；四、高瞻遠矚的眼光；五、海納百川的度量；六、掌握大勢的能力。」這 6 種定義其實不一定是政治人，而是任何一個領域的重要人物都應擁有的。

西方民主制度，一人一票，江河日下，就是因為符合這 6 項條件的人愈

來愈少了。筆者在《讀史觀世》和《讀史觀勢》兩書中不斷說明美日的哲學如出一轍；日本學美國，一切都是「工具」和「手段」，所以無句真。「工具和手段」後的目的是甚麼，一定要搞清楚，不能被表象所蒙蔽。

　　前文的幾位都是危機四伏，要重新檢驗他們的「信念、學問、人格、眼光、度量、能力」有多少項是及格的，如何改進才能改善呢？最怕是只擁有「錯誤的信念」而又「擇錯固執」。而目前「民主制度」又沒有了自我糾正錯誤的能力，因為對立的政黨精英們都已失去公信力，只能互相糾纏，直至下次投票日，選民們亦只在投票那一秒有權力，怎能選出正確的政治人呢！

6）歷史人物重演因個性

　　《讀史論人生》（商務）中談到，歷史上那些亡國辱國的皇帝們，比那些只顧玩樂享受的更不堪，明朝一大批昏君如正德、嘉靖，但亡國是崇禎，清朝「康雍乾」是精明的 CEO，其後就每況愈下，嘉慶、道光勉強守成，但英國戰艦來了，咸豐是「幸而不亡」的 CEO，只因早死免了亡國之君，慈禧反而延續了大清的部族統治。

　　崇禎和咸豐有何相同之處？相似極了，當員工遇上此種老闆最難捱的是甚麼？特徵又是甚麼呢？自戀成狂、優柔寡斷、氣量狹隘、猜忌手下，四大特點是讀 MBA 也改不了。崇禎十七年用了數十個 COO，無人有好收場。曾國藩在咸豐手下也不好過，能力再高也只好回鄉練兵。太平天國沒有亡了大清，也只是洪秀全沒有大志，而清廷還有些曾李之流，惟咸豐死後，大清只是苟延殘喘，只差亡在誰的手上了。

　　內鬥在行、對外無能是明清晚期的症狀。回到二十一世紀，看看國民黨的小馬哥，是不是有同一特徵呢？皇帝時代還可以盲目以為全民都是吾民，

但世界進入了投票時代，兩黨相爭，各為其主，只有自戀狂才會想當全民領導。

小馬哥既要廉潔，不准藍營貪污，擋人財路，自然人人造反；面對綠營，又步步退讓，連教育課綱都不敢回調，讓「去中國化」繼續燃燒。

用人不論大學教授或財經巨子都是不放權，無功而退，支持率一度低至9%，國民黨要不敗也難，下台後還要訴訟纏身。蔡英文要破他的紀錄也要花「洪荒之力」，老 K 卒之到了山窮水盡，誰之過也！

7）歷史精神的心得

一年來讀歷史的心得可以撮要如下：一、只有在社會大變革中，才容易分辨出牆頭草和參天大樹，如北宋的蔡京、王安石和司馬光，賢者相鬥，小人得利，賢者亦看不出小人的真面目，參天大樹亦終全死亡，小人得志，亦終敗亡。蔡京死得亦慘，南京亦出了賈似道。作為參天大樹的文天祥，亦無法挽回大局。

二、只有內心十分豐滿，對事業和精神的要求更高的人，才會沒有物質的慾望，北宋諸大臣如王安石、司馬光和范仲淹都是如此，生活勤奮而低調，當完高官後隱居大城市和深山，連僮僕都不知其曾為大官。

三、改朝換代之際，勇烈誠信者被殺絕之後，只餘奴化人羣，心存保命哲學，如蒙古大軍南下，逢人就殺，沒有耶律楚材的力諫，死得更多。元朝吞金滅宋，北人南人都逢殃，還幸文化道統尚在民間，百年滋長，中華民族重生。到二十世紀，日軍侵華，歷史重演，但中華民族的自信心自負力未減。

四、千金散盡，浮華易去，惟有人格精神和歷史能夠長存，屈原、諸葛亮是古代例子，民初以來陳寅恪、錢穆都是歷史人物，令人欽佩。

　　五、任何一個社會定要有「共同尊崇」的一些對象，這社會才能團結，共同尊崇的對象才是教育的最高精神所寄托。錢穆提出「人格尊嚴」和「道德精神」是值得人們三思的，辛亥革命後，皇帝沒有了，孔孟等聖人被打倒了。一百年後，人們才重建中國傳統文化的精神，在西方新自由主義推行30 年後，全世界都在調整，歷史精神是堡壘。

8）　讀錢穆〈論德性〉偶得

　　三國人物中，錢穆最欣賞諸葛亮和管寧，名句是「苟存性命於亂世」，性命者「德性」也。人的「德性」，一半來自天然稟賦，今之所謂 DNA，天生如此；另一半來自人文修養，包括人類的智慧和功力。

　　為學需要「德性」，做人更需要「德性」。做人做得不好，做學問自然達不到最高境界，所以訓練一個人做學問，也就訓練他做人。今日教育之不如幾十年前的教育，就是忘了訓練學生做人。做人最基本原則是甚麼，錢穆理想人的條件有 8 種：「虛心、肯負責、有恆、能淡於功利、能服善、能忘我、能有孤往精神、能有極深的自信。」沒有這種德性，做不出理想學問。做學問如此，做事業亦如此，所以要知人，就要知此人的「德性」。

　　做學問和做事業最怕是將自己的心胸愈做愈窄，脾氣愈做愈暴躁，《論語‧泰伯篇》名句：「篤信好學，守死善道。」是説對道德和事業抱着堅定信心，勤學好問，對善道堅守至死。話説得好，最怕是對何謂仁道和善道搞不清楚，誤將黑道當善道，堅守至死，那就大眾遭殃了，所以《泰伯篇》這兩句話的續句是「危邦不入，亂邦不居」。

　　由德性有問題的人主持的邦，孔子是不會去的，君子不立危牆之下，也是這個意思。「知人」之道，要看其立志獻身，此事需要大勇，必具大仁大

智才能有大學問、大事業。

能將自己天賦才性的最高可能盡量發揮而到成熟境界，才是生命的意義，為了金錢和報酬，而浪費了自己的天賦，是不仁不智且無勇，自然無成就可言，惜哉！

9） 錢穆的歷史觀例證

錢穆出版《中國歷代政治得失》是在 1955 年，距今 60 年，書中結論說：「歷史更可叫人不武斷，因事情太複雜，利弊得失，歷久始見。」一切事不是一句話講得完，所以現在去評二十一世紀的領導們，為時太早。

錢穆又說：「歷史上沒有歷久不壞的制度，何況是法術，僅憑私心，臨時造作，哪得長久？」清朝就是如此完蛋了，太平天國亦成不了大事，因為連制度也沒有，清朝只要「服服帖帖的官」，不要「正正大大的人」，如此而已。

中國自宋朝以來，就是一個平鋪社會，沒有公爵伯爵之類，官吏也不可世襲，考試合格，人人可當官，亦有機會升到做宰相。但平鋪社會沒有力量、沒有大企業、沒有組織，所以自從有了學校，就只能組織學生罷課。西方社會有大工廠、大企業，一罷工就有大影響，那是 60 年前的資本主義，但這 60 年來有多大改變呢。

日本議員可以世襲，「政二代」、「政三代」出現了，台灣只有二三十年，也出現「政二代」了，美國政府也出現了布殊二代了，克林頓可能也出二代了，是不是制度也出了問題。資本主義的精英制，變成了財富分配的 1% 和 99%，「僅憑私心，臨時造作」也就變成競選表演，Promise High Deliver Low，民眾是肯定得不到實惠。

清朝的私心，打壓知識分子，結果造成政治上的「奴性、平庸、敷衍、腐敗、沒精神」。清朝由強轉弱，便是如此，既有「制度」問題，也有「人事」問題，看來二十一世紀，西方也面對同一困境，這就是歷史。

10）歷史上人物的交滙

讀歷史，最有味道不是看皇帝們的所作所為，他們住在深宮之中，與太監后妃為伍，不接地氣，在被提供的資料中作糊塗的決策，大部分是十足可憐蟲，反而是在朝野人物的交流，各種 crossover，失之交臂，才是歷史的精萃。

看看晚清，1847 年，李鴻章 24 歲中進士，是安徽最年輕的翰林，同年，香山縣 19 歲的容閎出洋到美國，3 年後入耶魯大學，1854 年成為第一個得耶魯文學士的華人，不過紀錄上，他已於 1852 年入美籍，不是中國人了，大概也是最早的美籍華人；1850 年，太平天國出世，1860 年容閎返國，到太平天國視察兼獻策，不為所用，才改見曾國藩，這時剛設外交部，見見美籍華人也是正常的。

李鴻章入曾國藩幕府，1862 年李鴻章已在曾推薦下，官拜江蘇巡撫，李鴻章在曾國藩旗下主持洋務運動，容閎成為幕僚，是知美派，容閎力主「幼童出國」留學，在曾國藩推薦下，容閎在滬港澳三地招了 120 名學員（10 至 16 歲）在 1872 至 1875 年分 4 年，每年 30 名赴美，以 1872 年時的風氣，京師和江南各地的貴族官員富家都不願讓子女一去 10 年，所以應不是當時的讀書尖子，年紀較大為了已快到手的功名，當然也不會冒此風險。

這個計劃不到 10 年，就在朝中保守派攻擊下，1881 年全部學童返國，曾國藩在 1872 年已死，李鴻章不支持，容閎無力回天，學子返國被歧視兼

薄待，大清只多了 120 個懂英文的人。當然其後有詹天佑這等人物出現，但其他亦只是當官，唐紹儀當了袁世凱的總理，僅此而已，時勢只能當北洋官僚，奈何！

11）錢穆晚年人生哲學

歷史告訴人們，每一個人的歷史都有階段性，隨着環境變遷而行為思想改變，是正常，至死不變只有信念。

筆者研究錢穆多年，倒沒有深究他的「反共」問題，若讀 1969 年 2 月錢穆到金門向軍官們演讀內容〈大局展望〉，他當然是「反共」的，但他注重的仍是中華文化。

演講中一再提到：「為復興文化而反攻，為復興文化而復國」；「反攻復國是第一幕，復興文化是第二幕」；「要做腳踏實地為復興文化而艱苦奮鬥的一個英雄」。

錢穆未料到是上世紀七十年代鄧小平復出，提出實事求是。大陸進入改革開放時代，世途改變，復興中華文化不再是台灣人不遠將來的事業。如今更去中國化，文言文都想廢！

到 1980 年 6 月，錢穆在台北故宮博物院作「中國人生哲學」，時空隔了 11 年，一共作了 4 個演講，第四講是「明天的中國人該怎樣」，是講他心裏怎麼想的。這一年錢穆已是 86 歲，思想最透徹的時代，他說：「中國人只提倡謙虛和合，絕不教人心滿意足」；「你得意了，你成為第一流人物，你千萬不要驕傲，你要謙虛，你要謹慎，你要有禮貌，你要懂得退讓，才能與人相處」；「我們不一定非要做一成功人，可是我們絕不能做一失敗的人。失敗尤重要是在人格上，人格上失敗了，中國人就說他不是人。」這才是錢

穆教訓的精華。兩岸前途是和平統一。

　　台灣人要為回大陸準備，要謙虛、憂患、謹慎，要和大陸同胞共憂患，來謀求國家民族的百年大計，長遠的前途，這個大責任當然是所有中國人早該憂患着。醒來吧，大家！

12）錢穆世運論的分析

　　根據錢穆的世運論，盛衰之世交替而來，人物相繼而出，文化發展到某一階段的最高峰，必然會衰落，看不清這個世運的外來者，亦必然判斷錯誤。

　　二千多年來，兩漢三國 400 年是盛世，出了不少人物，而魏晉南北朝，五胡亂華，500 年衰世是史上最長了，昏君庸臣，人物不多，隨之而來是隋唐盛世 400 年，人物眾多，國勢亦盛，在旁邊的日本韓國，只能學習，乃有「唐朝文化在日本」之說。

　　唐後陷入五代十國，衰世只維持了 50 年，中國進入三國分治，北有遼金，西有西夏，南才是北宋南宋，但這 300 年又是中國文化達到最高峰，《東京夢華錄》紀錄宋徽宗亡國前的盛景，北宋之亡在軍事實力，幹不強，枝亦甚弱，首都在開封是無奈的戰略，一攻而破，文化經濟到了最高峰，但衰落了。

　　南宋經濟亦不弱，因為有海外貿易支撐，但畢竟擋不住世界霸主的蒙元，乃衰落近百年，而蒙元之後，日本更以自己為華夏文化的正朔，看不起中國，由 1271 年至今近 800 年了，日本研究華夏文化之深，連錢穆也不得不承認日本的深度（那是 1960 年左右）。

　　明朝復興 200 年，影響最深是朝鮮，但由萬曆開始的 60 年間是頗不堪的，也怪不了崇禎，人物已不足了，用的也不得其人。

滿清入關，歷經康雍乾三世，中國版圖是擴大的，但文化只有晚明遺老的貢獻，遺老死後就完了，由道光開始衰世至丁卯轉運（1987年），衰了167年，中國又開始復興，西方強盛500年，民主已被金錢所蒙蔽，東方文化要發揚光大了！

13）後凋精神不可忘

《論語》中哪一句和中國歷史精神最接近呢？錢穆的意見是第九篇「子罕」中第28章的「歲寒，然後知松柏之後凋也」。春日桃李爭艷，無人欣賞松柏，但嚴冬一到，萬花皆枯，惟有松柏生氣盎然。

當然松柏亦有凋時，只是在眾花之後，且不易為人所見，此乃生命之通則，故盛時要持盈保泰，知亢龍有悔。

一個人風光最盛之際，亦是眾怨所歸之時，但大部分人不自知。中國歷史上的賢者，出於亂世多於盛世，中國人偏愛在亂世「抱道不屈，不汲於一時功利」的失敗者，因為他們更能為民族精神在萬代來存身，「士窮見節義，世亂識忠臣」。小人在治世或與賢人無異，因為未經考驗，要臨利害，遇巨變，才見操守如何。

歷史上看名將，功業不可謂不盛，但「一將功成萬骨枯」，是有代價的，所以漢代最盛的衛青、霍去病，逐匈奴，但世人更念張騫孤身出西域。唐代開國功臣李靖、李勣，威震八方，郭子儀平安史之亂，人只羨其功業，保富貴，但世人敬愛的卻是剛愎的關羽、枉死的岳飛、不降的文天祥、史可法、屈死的袁崇煥，抗日的戚繼光，甚至身為太監的鄭和。

所以在亂世中能保持崇高氣節和尊嚴的人，亦即是諸葛亮所說的「苟全性命於亂世」，只有保全德性性命於亂世，才是中國歷史的精神，五千年來

一代一代地保全下來。雖然漢奸亦不少，但賢人是不受漢奸影響的，所以中華民族的歷史精神才能復興，不會因少數人一時狂妄，便得輕易折斷。後凋精神，必待歲寒始為人知！

14）氣運與人物

錢穆在《中國歷史精神》中，談「世運」和「人物」，人物可以扭轉世運（氣運同義），縱在大亂世，只要有人物，就可扭轉，開創出新時代，但歷史上人物盛衰有時與氣運移轉未必緊密相依的。例如秦統一六國，是中國歷史最大一個新氣運，但人物未盛，秦始皇、李斯這些人物不夠條件，一個趙高就廢了。

漢高祖興，又一個新氣運，但漢初三傑亦未夠條件，要等到 70 年後，漢武帝時才人物大盛，文有董仲舒、司馬相如，武有張騫出西域，開絲綢之路，衛青、霍去病，在平民之間，人物輩出。直到東漢末，漢朝已衰，之後到三國，還有曹操、諸葛亮等像樣人物。

新朝崛起，不一定是太平盛世，舊朝垂亡，很多新人物卻預備在那裏，如隋亡唐興，唐太宗手下重臣，莫不是隋朝所準備的，房謀杜斷，李靖李勣。北宋開國，人物不多，半本《論語》已治天下，但 100 年後，人才輩出，范仲淹、王安石、蘇氏三父子。

元朝是黑暗時代，百年後仍孕育不少人物，朱元璋一起便有人可用，連一個太監鄭和，都可以七下西洋，創出偉業。

明初人物之多，較之唐初並不遜色。可見中國文化，只要暫安，便出人物。明亡，人物未衰，明末遺老，個個出色，對文化有大貢獻。

清朝乃部落政權，文字獄不斷，清末人物凋零。到民國始創，外患頻生，

並無暫安，人物之出有如北宋，要等 70 年，才有鄧小平復出，扭轉氣運。錢穆一代是亂世人物，只感到人物異常缺乏，氣運來了，人物自出，這是歷史。

15）選擇和幸福

孔子說：「吾十五而有志於學，三十而立，四十而不惑。」即是說，孔子花了 25 年時間去學習，到 40 歲可以追求人生的目標了，結果是在諸國遊走。雖然得到尊重，但其道還是不行，最後做萬世師表，卻是成功了。

其實人到 40，就是人生的選擇，一個正常的人，此時有家庭，有妻有子女，有工作。但 10 年後，你想當一個馬化騰還是馬雲？「一馬平川」，有點高嗎？連雲計算也不明白！還是變成 91 歲還努力不懈的星雲大師呢？當一個超人不易，當一個凡人也不簡單，要追求一個 CEO 的位置，還是多點時間去培育孩子容易呢？

很多人就是逃避家庭，才變成一個工作狂，社會上見得太多了。要想踏入上流社會，不是參加些酒會就成的，到國外移民，那就更不必想了，白人至上目前更厲害。隨波逐流還比較簡單，40 歲也是進入「怕老」的年代，養生第一，酒色淘身，40 歲的身體也開始不支了。

要到達人生巔峰，個個人的山不同，有的是喜馬拉雅山，有的是獅子山就夠了。世界永遠有另一個選擇，能不能到頂峰，需要運氣。

陶淵明不為五斗米折腰，田園將蕪胡不歸？歸了田園，反而名留千古，當年繼續當官，也不會成為大官，當了宰相，也不如田園詩人那麼有名，這就是選擇。住城裏的大別墅，還是鄉間農舍，要在成功的路上，還是在回鄉的路上，也是選擇。無論甚麼選擇，其實也只為了追求幸福，得到幸福當然要奮鬥，但有一種幸福叫「放手」，也是對的！

16）東學西漸的香港使命

錢穆建立新亞書院，豈只是為以讓香港成為「國史教育中心」，當時海外青年能有多少受歷史教育機會，能夠「知人曉事論世」？豈料多年後的家長認為中國歷史是「無用之書」，但一時無用之書，正是為了「累積人生經驗，建立文化品味，推進精神境界」的最有用之書籍。錢穆是通儒，更希望香港成為「東西文化融合中心」，香港華洋雜處一百多年，對東西文化認識極深，書籍流通極廣，早已取代 300 年前澳門的地位，但在香港割讓之前，西方傳教人士的據點卻是在澳門。

今日去澳門聖約瑟修道院看看，利瑪竇的石像仍在，拉丁文翻譯當年稱為辣丁文，西方科技數學由此傳入中國，中國《孫子兵法》、《易經》亦由同一批人士帶回西方，但滿清 300 年，中國文化自信盡失，直到二十一世紀，文化自信回來了，中國禮治和西方法治要兼容並蓄了。

西方由極盛到了要吸收東方文化的時候了，且看今天儒家中的精華開始浮現了，天人合一（人道的德性品格和天道要合一了），道洽大同（先自 2020 年到達小康的最初目標），天下為公（不只是為了 1% 或 10% 而是整體脫貧），萬邦協和、和而不同、人心和善（世界命運共同體的概念已推出了）。

這裏有 3 個和字，以和為貴、性善論，都是簡單易明，不必要讀到四書五經那麼高深，所以 300 多年前，西學東漸在澳門發生，而 300 年後，東學西漸由香港推廣，豈不宜乎，在這個目標方向不明的今日，香港正宜奮起，千斤擔子，挑起文化使命，不曰宜乎！

17）元史留下太多疑問

1964 年錢穆在《新亞生活》雙週刊中刊登了〈推尋與會通〉一文，討論

如何「推尋」元朝歷史的真相，能不能「會通」，就看學子們的本領了，原來中學時代所念的元史，大都是想當然而已！

　　蒙元將人分四等，蒙古人、色目人在上，漢人、南人在下，但畢竟上等人極少，漢人、南人在社會上自有其地位，和那 1% 關係不大。元朝階級分十流，九儒十丐，看似儒者地位極低，科舉中斷，儒人不必入仕，蒙元只要吏，不要官，儒者更多時間研究漢代經學、南代理學。當時未有「八股」（那是明朝中葉以後的事），所以儒者可以投身詩文，有其「文統」和「道統」，傳承漢代和先秦，世人誤以為元朝只有元曲最盛，無人不知關漢卿，孰不知關漢卿在元代文人間極少提及，他只是元代流行曲作家之一，到後代才成為經典。

　　不是人人都可以做英國披頭四，被潮流淘汰的流行曲音樂家知多少，元代文學主幹猶在，世人當發掘元代詩文之極盛，所以元朝八九十年，出了多少畫家、文學家、詩人，不「追尋」便不知，元朝到末年，培養了多少明朝開國人才。

　　列代開國，儒生文人最多，只有唐朝和明朝，明初較唐初尤盛，宋濂（方孝孺之師）、劉基（劉伯溫）、葉琛、章溢四人被朱元璋請出為官，尊稱「為天下屈四先生」，「先生」固極表敬禮，而「屈」更說明「士羣」之重要，朱元璋、方國珍、張士誠代表草寇，不在十家之內，而士羣不願出仕，與明太祖合作，甚至歌頌蒙元，為之死節，民族觀何以轉變至此，答案至今未解！

18）歷史範例看國師

　　讀歷史需要足夠現實經歷和深刻的思考力，才不會產生偏見，美國特朗普與班農的短暫關係足以說明，追求政權穩定的 CEO，必定要清除在奪權過

程中最具破壞性和威脅性的夥伴。

班農何許人也，貧家之子，當兵 7 年，考入哈佛，進入投行高盛，自行創業，進入傳媒，反建制，加入特朗普團隊才 3 個月，就僥倖一戰功成。

但敵人遍地，當不上幕僚長，只能當上國師，但似「紅遍半邊天」，亦是「眾怨所歸」，7 個月就罷國師之職。倒轉槍頭，助人寫書 Fire & Fury，搞出大頭佛，又轉身道歉，以保其身，尚幸不是古代，不必付出性命代價。

且看中國歷史，劉邦當上皇帝，漢初三傑，各求自保，韓信是楚營過來，但軍功最大，威脅亦最大，只能以被殺告終，張良歸隱，蕭何忍辱，亦差點無命，但漢朝得以穩定。

唐初李淵、李世民得天下，但太子是李建成，李世民威脅力最大，成為被除對象。功高震主而不死者，得天下。中國歷史上，趙匡胤黃袍加身，亦是功高震主的必然行徑，南宋岳飛亦因此而死。

明朝朱元璋得天下，手下功臣無一得善終，就是清除破壞力和威脅力最大的夥伴之舉，只是範圍太大，殺人太多，結果獲得了的政權，還是給朱棣奪嫡，奪了建文帝的江山，亦創造了一位歷史上不知去向的人物。

班農最後命運如何？是人們最後的娛樂活動，還是歷史教訓又加上一筆，歷史上飛鳥盡，良弓藏，狡兔死，走狗烹，還見得少嗎？是否人物？看今年。

19）世道盛衰歷史觀

稻盛和夫在書中談日本國運自 1865 年以來是四十年一變，國運甚短，禍福未知，下次是 2025 年，如今還在噩運中。如何掙扎，也是走不出其運，自有其因由。中國則國運綿長，其間伴以人物的出現，不過運轉和人物出現

不一定同時，有時已出現，有時會有落差，已經討論過。

　　結合錢穆和南懷瑾的看法，自漢朝以來，中國國運歷經五盛四衰，由西漢漢武帝（公元前 140 年）至三國末（265 年），約 400 年，是盛世，人物輩出。西晉（265 年）至南北朝（589 年），約 300 年，是衰世，五胡亂華。隋唐盛世（581 年至 907 年）是 400 年盛世，萬國來朝，國威遠播，唐詩極盛，華胡文化大混合。

　　隨之的五代十國 50 年（907 年至 960 年），是中國歷史最黑暗年代，尚幸甚短。趙匡胤是個人物，陳橋兵變，兩宋 300 年（960 年至 1271 年），軍力上不是盛世，但文化上卻是中國最盛的年代，出現范仲淹的秀才教，建立「先天下之憂而憂，後天下之樂而樂」的儒家實踐觀念。

　　中華民族雖倒不亡，元朝 100 年對中華民族是衰世，但仍為復興儲蓄人才，所以朱元璋一上台有人可用，又創 300 年盛世（1366 年至 1644 年）。鄭和七下西洋是創舉，陳誠出西域其功不少，是「一帶一路」的雛形。

　　明雖亡而人物未衰，中華民族在滿清八旗下仍興旺，康雍乾嘉四世，共 200 年（1644 年至 1842 年），直至鴉片戰爭，割讓香港，中華民族進入衰勢，直至 1987 丁丑轉運，衰世共 200 年。

　　中華民族再進入盛世，有多長呢？以歷史趨勢 300 至 500 年。西方人讀不通中國歷史，仍在大吹「崩潰論」，對不起，早已潰完了！奈何！

20）人才和機運的變化

　　1951 年錢穆在台北演講「中國歷史精神」，其中第六講是有關地理和人物。他說：「今日中國，只有沿海由東北至廣東的一圈，和沿長江一帶，是66 年前的『一圈一帶』，就是中國實力所在了。」今日已是「一帶一路」！但

已與台灣無關了。

　　他又說：「物質文明發展到一個相當階段，文化便不在此地滋生了。」為甚麼呢？因為「在文化集中地，每個人重現實，少想像，不大會引生大理想」，而需要到一個落後新地區才有想像，才能創造，才能發展。

　　所以在當年，政治中心如北平，商業中心如上海，便不大產生人才，而只是各地人才滙集的中心，於是「人才萎靡了，機運也窒塞了。」

　　1951 年，200 萬人隨蔣介石到了台灣，幾十萬人到了香港，這兩個當時相對「落後新地區」，於是乎香港台灣有了人才，成為亞洲四小龍。但歷史又說：「文化發展到某一階段的最高峰，必然會衰落。」目前看，台灣已經如此，香港還有希望。

　　錢穆指出，近代的中國（指 1950 年以前），由南方沿海人領導，「但長江珠江流域的人，素質上實不及較古的黃河流域，無論體魄毅力均遜。」可能不是人人能同意，當時台灣由江浙人，香港由廣義的上海人主持經濟，是歷史留痕，但一旦北方人內陸人追上了，就是「中國又一度以文化新生，新中國新生命之再度成長」，中國只要北方和西北地區再起來，國勢就變了，看看今日的領導羣便明白了。

　　錢穆敬告大家，「認識自己的舞台，再來扮演自己的角色」，旨哉斯言！

21）匹夫不可奪志的老人們

　　1917 年，24 歲的梁漱溟以中學畢業的資格，被慧眼識人的蔡元培聘為北京大學教授，蔡元培這年才 49 歲，風華正茂，學貫中西。而梁漱溟教的是印度哲學，年輕的梁漱溟已是印度佛家思想的專家，代表作是《究元決疑論》，這是 100 年前的盛事。

　　兩年之後就是五四運動，火燒趙家樓，梁漱溟對學生暴亂行為是採批判態度，五四學生「能破不能立」，是牟宗三說的，筆者在《讀史論人生》（商務）亦專文談及。

　　梁漱溟是高壽的，活到1988年，經歷了「批林批孔」、文革各種運動而不倒，宗旨是「三軍可奪帥也，匹夫不可奪志也」。

　　他比陳寅恪要硬淨得多，陳寅恪是在1969年文革中死去，得年79歲，梁漱溟95歲，看到中國改革開放的頭10年，梁老一生追求「認識老中國，建設新中國」，總算看到苗頭，但看不見最神速的二十一世紀。

　　梁漱溟一生追求人生和社會問題：「人生為何而活，中國往哪裏去？」梁漱溟自傳中感謝父親的「信任和放任」，才有後來的人生，筆者亦被其影響了一生，如此教子，才有人生。

　　梁漱溟的同輩人有錢穆，活到1990年，亦看到中國的興起，台灣人到大陸不可免，留下「謙虛、憂患、謹慎」3招人生態度，與大陸共憂患，求民族百年大計。

　　長遠的前途，如今「中國夢」、「一帶一路」、「世界命運共同體」都看見了，但台灣卻「去中國化」了，南懷瑾索性在1990年離開台灣，轉赴大陸定居，從事教育，早已看出李登輝要當「民族罪人」，但大勢不可改，3位老人都早看見了！

22）中年無怨最難 —— 黃大年

　　看到一位科技人的立志：「青春無悔，中年無怨，老年無憾」，確也不易，這位老兄的目標只是「振興中華，乃我輩之責」。錢穆論中華文化精神，亦不外是人人自覺自信立志做一個「完整人格的人」而已，而「完整人格」從

何處找到，只能自「國學經典」中尋之了。

　　中國文化「勁氣內轉」，不假外求，早些遇上經典，明白「中庸之道」，也許「青春無悔」比較容易。歷史上一再證明，青春年代，總是「易於接受無學術、無根柢的過激思想」，對前輩「不信仰，不尊重」，到中年走回頭路，又要花一大段氣力。多少五四時代的學者們，到中年也是有悔的，但青春無悔，能有幾人，此時最好運是遇到良師益友，早入正途，不為「心靈雞湯」所誤。青年人需要的是「清湯」而不是「雞湯」，太多雞湯太補，那只會早得「痛風症」，飲「清湯」才能「清醒」！

　　正如求學王道，別無他法，只是「大學」中的五項：「博學之，審問之，慎思之，明辨之，篤行之」，這是筆者給 4 歲孫兒的生日禮物，而不是「贏在起跑線」，這個想法大概和坐地鐵要小孩先去霸位的想法差不多，小孩子要教育是「讓位」而不是「霸位」。中國經典大都言和，筆者最近浙閩粵各地之遊時，見到六句：「天人合一，道洽大同，天下為公，萬邦協和，和而不同，人心和善。」最後三句都是以和為貴，國家如此，家庭如此，社會亦如此，振興中華亦在此，要到「老年無憾」亦在此，「豈能盡如人意，但求無愧我心」是林則徐一生經歷後的名句，看來三句以「中年無怨」最難也，不是嗎？

23) 科技人的出現 —— 黃大年

　　蘇洵的《管仲論》中有兩句精警語：「夫功之成，非成於成之日，蓋必有所由起。禍之作，不作於作之日，亦必有所由兆。」只是世人一般看不見「起」和「兆」，所以一般無反應。中國歷史充滿這樣例子，中國每次大變亂，人便四處跑，舊文化在新土地上產出新生命。一到局面安穩，人們回歸故

土，便繼續生長，欣欣向榮。

　　到了現代，四處跑包括到國外，1978 年鄧小平復出的前十餘年，當然是天下大亂之際，多少人上山下鄉，多少人奔向港澳。但一旦暫安，進行改革，人人轉換身份，這羣人包括下鄉知青、下海商人、入城民工、歸國學人。

　　1978 年，丁卯轉運，人才開始累積，港台商人佔了先機，大展身手，佔了 20 年吧！但內地人才是後發先至，港台人士只在製造業和金融業佔了先機，但到了高端科技、互聯網科技，完全沒有優勢，連娛樂文化亦被超前了，港台人士怎拍出《戰狼 2》呢！

　　2017 年 1 月去世的吉林大學地球探測學教授黃大年，回國 7 年，令中國在這方面追上國際水平，有如當年的錢學森。他工作綽號是「拼命黃郎」，每日工作到凌晨兩三點是正常，口號是「青春無悔，中年無怨，老年無憾」，大學畢業留言是：「振興中華，乃我輩之責。」可惜膽管癌，一個月就奪去生命，58 歲就離世了，中華民族的損失。這類在科技界貢獻的人大都不為人知，但中國科技在無聲中，飛機、航母、高鐵一樣樣出來了，西方知道嗎？未必！

24）歷史不可預測

　　1990 年，筆者到台北任職，雖然股市腰斬，但實體經濟仍然不俗，「錢淹腳目」是當年流行語，1990 年 GDP 總量是大陸的 43.8%。

　　台灣人信心十足，若問 30 年後如何和大陸「等量齊觀」，要知道 1970 年，台灣 GDP 才是大陸 6.2%，四小龍經濟起飛，20 年間已臻此境，用趨勢方法來計算，不是沒有可能，誰料到四任領導不得其人，戰略思維錯誤，一切基於「大陸崩潰論」。而領導人的六大特徵：「信念、學問、人品、眼光、

度量、能力」，好像都不成，各有缺遺。

歷代領導，長人輝是「黑金時代」、阿扁是「貪瀆時代」、小馬哥是「軟弱時代」、蔡小英更是「不知所云」時代，這從戰略思維一關來講。

台灣 20 多年來，都沒有總攬全局的學問，台商西進，只在阻撓而非支持，直到「一帶一路」出現，亦只跟美日方向，推出新南向政策，只是炒長人輝的冷飯，是必敗的。領導須眼光發現人才，使用人才執行戰略，戰略既虛無，只是屢換內閣，無濟於事，執行能力要「信賞必罰」，説得明白一點，就是淘汰笨蛋和壞蛋，令壞蛋不能過多地幹壞事，而今好人幹得起勁，才有高強的執行力，頭痛醫頭腳痛醫腳，甚至不知痛在何方。

台灣 GDP 到 2016 年已縮至大陸的 4.7%，位列第六大省，在廣東、江蘇、山東、浙江、河南之後，2020 年距 1990 年不過 30 年，若再繼續在 1% 至 2% 的成長間，就會被四川、河北、湖南超越，跌至第十位，至於近日被深綠狂捧的台南賴神，被颱風海棠一吹，就不神了，台南人口是台灣 10%，GDP6%，有何實力呢？

狀元的格局和結局

1）中國狀元考

　　為了消除筆者的狀元迷思，特意去研究買了多年的《中國狀元全傳》，究竟多少名狀元是名留青史，對當時社會有所貢獻，還是庸庸碌碌過一生，沒有甚麼可稱道寫成一系列。

　　老實說除了南宋文天祥這位末代狀元，是「留取丹心照汗青」，名留萬代，其他知名的是書法家柳公權，狀元的書法要寫得好，但成為名家沒幾人，只是工整而已。中國科舉考進士 1300 年，留下紀錄是唐初高祖只有一名留名，其他不傳，唐朝幾乎一年一榜，共 264 榜，但可考只有 147 人，夠資料寫成文章只有 21 名。

　　宋朝已改為 3 年一榜，共 118 榜，可考 109 名。明朝只得 88 榜，但出了 89 名狀元，因為好勝的朱元璋將福州狀元陳郊凌遲處死，一場大冤案。話說當年 51 名進士全是南方人，北方士子不服，最後判為主考不公，被處死，但何以狀元要凌遲，榜眼探花卻無事？所以明朝士子莫出頭。

　　清朝 112 榜，有兩榜是滿洲人，當然是一齊考必當不上狀元，所以清代有 114 名狀元。回頭再說文天祥，狀元是正宗，但在南宋亡之前，只是一名江西提刑官，六品吧！起兵勤王，當時左丞相留夢炎逃走，右丞相亦逃走，

文天祥升至右丞相兼樞密使，完全不依制度。

留夢炎亦是狀元，投降忽必烈後，官至尚書，還勸降過文天祥，當然失敗。還有一位明代狀元張懋修，是閣揆張居正之子，張居正死後，萬曆要翻張居正政績，連帶之下，張懋修的狀元被革，明朝當官危，當狀元更危，所以不必恨當現代狀元，有知識就好！

2）狀元之謎

自古以來，父母均以子女中狀元為榮，二十一世紀的虎媽們仍以此為焦慮。狀元之為物始於隋朝，但沒有留下甚麼紀錄，能見到只是唐高祖一朝的孫伏伽，唐太宗喜稱天下英雄皆入其彀中，但卻沒有狀元名字留下，真正狀元多起來是唐玄宗一朝，詩人李昂是開元第 1 名狀元，王維是第 3 名狀元。

唐代以詩取士，但李白、杜甫都沒有中進士，更不要說狀元，杜甫更是屢考不中，最後一次是李林甫執政，要證明「野無遺賢」，所以天寶六年那一榜，無人中進士。

杜甫的官運不濟，但留下 1500 首唐詩，名傳後世，李白雖說是被唐玄宗詔入翰林，也只是一個白衣。

唐玄宗用人無術

李林甫本身是李氏宗室，不得參加考試，沒有功名，粗通文墨，但精通為官之道，口蜜腹劍，為相 19 年。唐玄宗倦勤，全面授權，天下乃亂。唐代不重狀元，由唐玄宗用相之道可見，唐玄宗期間，宰相近 20 人，其中有前朝官僚如姚崇宋璟，更用進士，宋璟 17 歲中進士，張九齡 24 歲中進士，張說策論第一中進士。其他有文人，有軍人如蕭嵩，有胥吏如裴耀卿，有宗

室如李林甫，有外戚如楊國忠。

　　唐玄宗在位太久，用人愈用愈差，以宗室外戚為可信忠誠，唐玄宗玩政治出神入化，用人之道，不拘於學問，而在乎務實。政治生活，崇尚陰謀，李林甫楊國忠，忌「賢」成癖，排斥異己。但一個人紅得發紫，就是「內外所怨」最盛之際，更為君主所忌，所以玄宗諸相，相繼引退，姚、宋尚得善終，李、楊卻吃惡果，報應也！

3）李昂、王維、柳公權

　　唐朝 147 名狀元，仕途順利的沒有幾位，也不在歷史上成為人物，能成為名詩人亦只有王維和李昂，成為名書法家只有柳公權。

　　王維仕途坎坷，上任不久，被貶濟州當司倉小官，一貶十多年，到張九齡為相，才得重用，但已經 34 歲了。3 年後張九齡被李林甫擊倒，罷相出京，在李林甫執政下，王維既不想同流，又不敢對抗，只好半隱半仕，凡事敷衍了事。

　　在終南山有別業，又經營唐初大詩人宋之問的莊園，取名輞川別墅，畫了名傳千古的《輞川圖》，但人生大不幸遇上「安史之亂」，長安失守，王維成為階下囚，還被迫當「大燕國」的官。

王維 126 幅名畫失蹤

　　到安祿山事敗，當過偽官都要分等定罪，幸好有弟弟王縉營救，當時作了首感嘆詩，才告免罪，最後官至尚書右丞，不算大成就。反而隱居輞川別墅，名聞千古，自己更成為田園詩和山水畫的開山祖，狀元對他無半點助力，輞川別墅死前獻給佛門，留下 479 首詩，北宋徽宗收了他 126 幅畫，北

宋亡，這些畫歸了大金國，不知所終！

　　李昂是唐玄宗收的第一個狀元，但最大事跡是當上六品官的考功員外郎，主考進士，他之後主考改為四品的禮部侍郎，頭號狀元也就是如此了。

　　柳公權30歲才中狀元，還好命長，81歲退休，88歲才死，有51年的當官運，歷經憲宗、穆宗、敬宗、文宗、武宗、宣宗、懿宗7位唐代皇帝，應是破紀錄，以太子太保退休，但唐代到柳公權已無功業可言，柳公權與顏真卿並稱「顏柳」，書法傳頌千古，而非狀元名銜！

4）時代最強者

　　唐玄宗一朝23名狀元沒有一位能為相，反而沒有學位連進士也未考上的李林甫和楊國忠卻成為唐朝衰亡的關鍵人物，李林甫出身李氏宗室遠支，不用考進士，可得大位，他粗通文墨，但充滿心計，成功擊敗兩位宰相張說和張九齡。

　　二張都是進士表表者，都沒有中狀元，李林甫不是文學之士，也不會吟詩，卻是名法家，運用「法、術、勢」三者已爐火純青，反對他和敗在他手中的大臣無數，只能罵他是「肉腰刀」、「索鬥雞」、「面有笑容，肚中鑄劍」，「口蜜腹劍」亦由此成名。

　　政壇崇尚陰謀，但尚需有個「度」，但李林甫卻是無「度」之人，因此結了冤家無數，正反派都有，所以潛在危機之大，時間愈長愈危。李林甫支持了19年，連兒子李岫都為父擔憂，因為一出事，禍及妻兒是現實。

　　李林甫安排了一次無人及格的進士考試，讓唐玄宗相信「野無遺才」，真的嗎？總之李林甫擊敗所有對手，而用了外戚楊國忠和看似窩囊廢的陳希烈，天下無事，所有國家大事在宰相府決定。

　　唐玄宗雖然倦勤，也容不得他如此，李林甫犯了「相權」大於「皇權」的大忌，乃為楊國忠這位貌似溫順的人物所乘，市場混亂、邊將叛變、朝臣謀反，成為李林甫最大罪名。

　　李林甫還不知大罪就病死了，一代權相倒台，家產沒收，家族流放，用小棺葬，若不病死，死得更慘。

　　而楊國忠成為李林甫仇家的救星，卻不知安史之亂在等着他，裙帶政治的大禍，由楊國忠而起。

　　楊國忠號稱理財高手，凡事不依常規，成為當代最強者！

5）最後一位宰相

　　在唐玄宗年代，證明甚麼資格都有可能當國，和現代選舉投票沒有分別，唐玄宗「最後一位宰相」是「不學有術」的楊國忠。楊國忠只不過是唐玄宗寵妃楊玉環的遠房堂兄，少時不務正業，浪跡市井和軍隊中，飽受社會歧視，歷盡人世艱辛，能低三下四，又想出人頭地，油滑精明，卻又市儈無比，可以當馬前卒，卻又是自戀狂。

　　如何打通堂妹的關節，已死無對證，但謀主管財政的職務，卻是真實無比，絕招是要求地方用布帛土特產代替租賦，全部用來供應唐玄宗的私用，這是李林甫做不到的，李林甫最少是個法家，楊國忠卻是個財政專家，亦是打破常規，以江湖經驗（今日是商場經驗）來改變一切。

　　楊國忠一旦有了權力，自戀狂症狀出現，自命不凡，自我炫耀，自我堅信，高傲無禮，自我表揚，自行其是，自我堅信，極端手段，萬事不容拖延，要三思考慮的事情，大家齊來開會，自己拍板，大家舉手通過，要春夏二季才完成的事務，一天即畢，陰陽差錯，謬誤百出，不過這種事情，二十一世

紀也在外國發生。

楊國忠特色是，要三思後行的事，要立刻決定，不容異議，否則視為對他能力的懷疑，下屬只能執行。楊國忠繼續了李林甫 19 年建立的威勢，這種威勢只是冰山，排斥異己，打敗對手，到天下無敵，但到要打擊安祿山之時，卻引發安史之亂。雖然西方學者認為安史之亂是唐軍兵敗阿拉伯所引致，但內外交攻，楊國忠只能命喪黃泉，楊貴妃只是附帶而已！

6）唐宋八大家狀元史

唐宋八大家是公認文章最好的人，但有無人中狀元呢？答案是沒有，最接近的是王安石，考得甲科第四名，同時去考的曾鞏還落第，王安石這年 21 歲，比他大兩歲。

曾鞏要等到 38 歲才和三蘇父子同榜中進士，已經是 15 年後的事了，這個嘉佑三年（1055）的狀元是章衡，活到 76 歲，在圖書館當館員 10 年，在地方當知縣半生，如此而已。

王安石這一榜也算知名，慶歷二年（1042），名為楊寘榜，狀元楊寘是史上「三元及第」十三人之一，三元者，縣試會元，省試解元，殿試狀元也。楊寘中狀元就遇母喪要守制，不得為官，隨即自己也病死了，得年三十，三元就此過一生，命也。

王安石風雲一生，當了宰相，變法失敗，成就極大；歐陽修，也是三元，但只是國子監的監元，加上會元、解元，沒有中狀元，這一榜被室友王拱辰當了狀元。野史說歐陽修以為必中狀元，做了新衣，但被王拱辰先穿了，狀元也就失了，歐陽修當年也只是 24 歲；當然最年輕是父子同榜的蘇轍才 18 歲，蘇軾 20 歲，都是早慧，老父蘇洵，27 歲才發奮讀書，48 歲中進士，也算有交代。

　　回説唐朝的科舉，分明經和進士，明經只考讀經，要死記，進士除了經義，還要詩賦和筆論，所以是「三十老明經，五十少進士」，考明經三十歲已老，因為記憶力衰退了，而進士雖五十歲還算年輕。

　　韓愈中進士 24 歲，柳宗元更只是 21 歲，而他們那科的狀元陳諷、賈棱只有名字在，連資料也沒留下，惜哉狀元，一場春夢！

7）文天祥仕途坎坷

　　虎媽們以為兒子中了狀元就一切大好，歷史紀錄卻非如此，狀元們除了個別外，仕途都很一般，且不說因健康問題夭折以外，如何應付沒有中狀元的長官的嫉妒和排斥，就如當年美資銀行突然要請常春藤大學畢業生來當練習生，不到一年就全部被當地經理們逼走了。

　　排擠的方法太多，再遇上當朝有權相奸相，不埋堆就先完蛋，所以狀元們是「命到運盡」為多，要達到管理最高層的宰相，少之又少。

　　明清以後，宰相職位被廢，所以南宋最後幾位狀元就是破紀錄的希望，有沒有呢？有，有兩位，是宋理宗時代 1244 年的甲辰榜狀元留夢炎和 12 年後丙辰榜的文天祥。

　　文天祥「人生自古誰無死，留取丹心照汗青」，是民族英雄，名留千古，但留夢炎則是第一代漢奸，投降忽必烈，還代忽必烈勸文天祥投降，當然失敗。文天祥贈了他兩句：「龍首黃扉真一夢，夢回何面見江東。」留夢炎仕元 20 年，官至翰林學士，活了 76 歲，善終，但子孫到了明朝，不得參加科舉考試，連累浙江留姓子弟要證明非留夢炎子孫，禍遺留氏。

　　留夢炎以投賈似道起家，到賈似道兵敗被殺，留夢炎升任左丞相，位極人臣，但元兵一到，立刻投降。文天祥的仕途極為坎坷，被宋度宗多次貶官，

又得罪賈似道而遭免職。

到南宋危亡，留夢炎逃走，執政的太皇太后要投降，才拜了文天祥當右丞相去議降，沒有議成，南宋朝廷已自動投降，到宋帝昺投海，8 個月後文天祥亦不降被殺，成就一生！

8）太師級人馬太多的南宋

歷史是勝利者編的，所以負責「宋史」是元朝的脫脫，他替不降元的文天祥立傳，而另一位狀元左丞相留夢炎則不立傳，還為宋朝 15 位人士立了「奸臣傳」。

《國史大綱》評這個名單說，奸臣以南方人為主，又以新黨諸人為主，是司馬光和王安石之爭，這個爭論一直到後世，南宋理宗奉司馬光和朱熹為理學祖宗，北宋之黨爭爭到南宋亡。

理宗是大昏君，南宋自秦檜以後，權相奸相居多，所以奸臣榜有高宗的秦檜、萬俟卨；寧宗的韓侂胄、史彌遠；理宗的丁大全、賈似道，一個奸過一個，南宋焉能不亡？南宋 9 主，153 年。主要在高宗趙構 36 年，當太上皇多年，孝宗只是傀儡。寧宗 30 年，8 子皆夭。

史彌遠在民間找回朱元璋的十世孫，是不是真的都有問題，這位理宗由 20 歲當到 60 歲，共 40 年皇帝，是從天而降，有何使命感可知。理宗亦無後，轉姪度宗，則是賈似道擁立，所以理度二帝的朝政，實在是由史彌遠和賈似道所主持。

而中國戲曲中「太師」都是奸人，也是這批人，「太師太傅太保」這三公是古代最重要職位，到唐代以後，只是追贈居多。

而生前獲「太師」，則是位極人臣，昏君當道，徽宗的蔡京、高宗的秦

檜、寧宗的韓侂冑、理宗的賈似道都是生前得「太師」級，當然是自封，皇帝只能准。如此朝政，考了狀元的文天祥都沒有前途。蒙古成吉思汗在寧宗一朝已經出現，花了三代五主，74 年才亡了南宋，若不是寧宗、理宗、度宗歌舞昇平，看不見亡國徵兆，拼命剝削人民，未必至此！

9）當過宰相的狀元

1206 年，蒙古鐵木真稱帝，這一年是南宋宋寧宗的開禧二年，大金章宗泰和六年，西夏襄宗應天元年，中華土地上有四國並舉。南宋宰相韓侂冑北伐金國，兵敗議和，結果是韓侂冑被暗殺，史彌遠當宰相 17 年，再擁立宋理宗，又執政 9 年才死，一共在相位 26 年。南宋偏安朝廷的社會現象是「民窮、兵弱、財匱、士大夫無恥」。

1226 年，蒙古滅西夏。西夏的太上皇神宗李遵頊嚇死，得年 65 歲。這位是中國歷史上唯一一位中過狀元、發動政變、本身是皇親、當過 12 年皇帝的人物，當了太上皇 4 年就亡國，能量極大的狀元啊！

但鐵木真在滅西夏後亦死了，大金立國於 1115 年，12 年後就滅北宋，靖康恥，大金存在約 120 年，聯蒙滅金發生在宋理宗這個昏君的端平之年，即 1234 年，蒙古的第二位皇帝窩闊台亦同年死了，這一年史彌遠亦死去，宋理宗才大權在握，還有 31 年在嬉戲，其間重用了 1217 年中狀元的吳潛。

吳潛是潛伏在史彌遠當政的寧宗和理宗時代 26 年才有機會。蒙古亡金後，威脅日大，吳潛到 1252 年，57 歲才被提拔為參知政事、右丞相兼樞密，是主戰派，但賈似道已經在 1238 年中進士，以外戚得寵，1259 年蒙古南侵，鄂州之役，吳潛升左相、慶國公，但得戰功是賈似道，居然以敗充勝，因為忽必烈要北返奪帝位。吳潛失勢，被貶至廣東循州，在貶地被毒死，狀元總算當過宰相！

10）兩位高壽有福的狀元

明朝正德皇帝是有名的荒淫無道之君，上任頭 5 年更重用太監劉瑾，正人無立足之地，但這段時間出現了所謂三賢相，李東陽、劉健和謝遷，3 人請誅劉瑾無功，只得同時請辭，只有李東陽留任，到劉瑾伏誅（只因另一名太監張永告發，才被凌遲 3357 刀，三日才死，亦夠慘烈）。

3 人中，李東陽和謝遷都謚文正，謝遷更是 26 歲中狀元，佳話是餘姚二狀元是同學。明代狀元 90 人，27 人得謚，而餘姚另一位狀元王華，在謝遷中狀元 7 年後，亦中狀元，成為佳話，當年主考官有眼光，早就看出二人會中狀元。

王華是「名子之父」，長子是王陽明，是「知行合一」的始創人，和朱熹齊名，謝遷身經成化、弘治、正德、嘉靖四朝，得年 86 歲，壽終正寢，贈太傅，當過內閣三首輔之一，應是明朝狀元業績之冠，福壽全歸，遇劉瑾而無恙，有保身之道，值得研究。

王華比謝遷年長 4 歲，中狀元已經 37 歲，官至南京吏部尚書就退休了，但培養了王陽明這位人物，當了一名稱職的父親。王陽明祖母高壽 100 歲，王華亦活了 77 年，王陽明只活了 56 歲，有點短，肺病古代難醫，亦命也，否則作品更多，不止於《傳習錄》。

這本陽明學必讀之書，王華父子最後一面的遺言是：「盛者衰之始，福者禍之基」，要王陽明切勿「志得意滿」，使「功業墜毀」。這位狀元有識見，王華死於嘉靖元年，謝遷死於嘉靖十年，奸相嚴嵩要到嘉靖二十二年才拜相，當國 20 年，這兩位狀元，躲過這個年代，亦是運氣不錯。

11）明代狀元的悲劇

歷史上權臣甚多，但奸如楊國忠和秦檜都無法令自己兒孫中狀元，但明代張居正做到了。張居正本身 23 歲中進士，只是二甲九名，和狀元相差還遠，那是 1547 年的丁未榜。狀元李春芳亦當上內閣首輔，還是少有可以「全身而退」的人，由嘉靖到萬曆年間，據黃仁宇在《萬曆十五年》一書所載，有九名內閣首席大學士（即首輔），分別是李春芳、翟鑾、夏言、嚴嵩、徐階、高拱、張居正、張四維、申時行，有二名狀元，另一位是申時行（1562 年壬戌榜），除李春芳外，只有張四維和申時行得善終。

其他六位，「或遭軟禁，或受刑事處分，或死後被追究」，可見內閣首輔不易為，要小心翼翼，因為權臣不能服眾，一被攻倒，就變奸臣。萬曆四十一年的癸丑榜狀元周延儒，在崇禎朝亦當了首輔，最後賜死家中。「明史」六大奸臣，周延儒是其中之一，和嚴嵩、馬士英齊名，他可是萬曆殿試親取。

回說張居正的第三個兒子張懋修，鄉試 12 名，會試 13 名，殿試卻中狀元，應是萬曆看張居正面子。這年張懋修 25 歲，時維 1580 年，但張居正 1582 年 6 月腹痛不治，57 歲就死了，張居正被封太師才 5 天就死了，是明朝唯一在生就封太師的人，封得太重受不起嗎？

張居正四個兒子，三個中進士，一個狀元，二個入翰林，但萬曆在張居正死後反面，連「文忠」謚號都追回，革奪張懋修的狀元，張居正被抄家，只得白銀十萬兩，是嚴嵩的二十分之一？大兒子自殺，弟弟、兒子、孫子發配邊疆，可見「君難托」，狀元也罷！

12）清朝狀元分析

研究清初狀元史，要有一個背景，就是讀書人反對科舉，拒絕仕宦，與滿洲政權不合作，甚至從事反抗工作。但不當官，失去經濟來源，只有下列途徑：出家、行醫、務農、處館（教八股）、隱居、移民海外、遊幕、經商、從事學術文化事業。被稱為明末遺民，出了很多一流人物，所以在順治朝一開始就參加科舉。

當了狀元，也不會是那一代的一流人物，但「遺民不世襲」，他們的親朋戚友和子孫，只能妥協，因為滿清皇朝一時不會倒，生活是要繼續的。

首先是北方讀書人妥協，然後才是南方讀書人，但奇怪的是，考中狀元是南方勝於北方，南方代表是江蘇、浙江和上海的讀書人。順治一朝 10 個狀元，6 個來自南方，2 個是滿洲人，正黃旗和正白旗，恐怕也是安排的。一個漢族狀元，一個滿族狀元，但過了兩朝便停了，滿洲人怎讀漢人書？

清朝 114 位狀元只有 3 位滿族，最後一位是同治七年的崇綺，女兒還當了皇后，可見八股文也不易的，也要勤力才成。滿洲人有了富貴，何必讀書如此辛苦？總結清朝狀元，江蘇 40%、浙江 18%、上海 4%，就是今日的長三角，就佔了 62%。

只有到了光緒年間，江浙才不出狀元，13 名狀元中只有南京的黃思永和南通的張謇，其他 11 名來自各地。北京出了清朝唯一的狀元陳冕，貴州有 2 位、山東 2 位、福建 2 位、廣西 2 位、四川 1 位、河北 1 位，清代中興名臣，曾、左、胡、李、張，無一人中狀元，可見狀元仕途不順！

13）清代第一位狀元之難

研究清朝狀元史，首先要了解明末遺民的心態，國破家亡，恥於事敵是

正常的。明末清初，中國文化重心在江蘇、浙江，以錢穆研究：「當時江、浙學者間，有不應科舉的家傳經訓為名高，亦有一涉科第，稍經仕宦，即脫身而去，不再留戀。」「反朝廷，反功令」的風氣是存在的，所以在順治、康熙、雍正三朝，不會有甚麼一流人物去應考，亦不見得清代諸帝會重用這些人！

環顧清朝 114 位狀元，可以一提的不出 10 位，江蘇人佔了 7 位、山東聊城 1 位、桂林 1 位。清朝開國第一位狀元來自山東聊城，名傅以漸，官至武英殿大學士、兵部尚書，是最高位的漢人，能不被防嗎？直到 200 年後的曾國藩尚如此！為外族打工實不易，傅以漸 57 歲就死了，遺言是「勿請恤，勿請諡」，清廷亦順水推舟。

清代第一位狀元兼高官是無諡號的，這是康熙四年，小皇帝才 10 歲，權臣是鰲拜吧！理應如此！傅以漸所以被筆者留意，是因為 250 年後出了一位後裔傅斯年，號稱「黃河第一才子」，是五四運動的帶頭學生，當上北京大學代校長，台灣大學光復後第一位校長，死於 50 歲，若非早逝，當有更大作為。

傅氏家族墳墓保留了數百年，在文革中祖墳被炸，已經無存。傅以漸在異族政權下，「食不重味，衣皆再浣，無異寒素」，惟有如此，才能確保安全。時人稱「見可而進，審機而退，既清且慎，不爭不黨」，確是熟讀《易經》之人。

傅斯年則名為傅大炮，大包大攬，最後被氣死，和祖上有點不同，「清勤則一」！

14）連中三元又如何

　　清代有兩位連中三元的狀元，即中了解元、會元和狀元，現代語是小學會考、中學會考和大學畢業試都考了第一名，是否就一帆風順呢！看看乾隆 46 年的狀元錢棨（1781）和嘉慶 25 年最後一榜的陳繼昌（1820）。

　　由唐至清的 596 名狀元，能連中三元的只有 13 名，而清朝佔 2 名，算是難得，但亦只代表八股文掌握得好，距離真正學問相距亦遠。清朝第一文臣的曾國藩亦是考中進士當京官才有時間研究經史子集，但比今日大學生畢業前要讀遍中外名著數十種，仍算容易。

　　錢棨來自蘇州，在錢棨前已有 6 名狀元，不算是盛事。錢棨也不是一帆風順，在中解元前，考了 5 次，歷時 11 年才得中，打擊不算少，遇上今日虎媽，早被鬧死！但清朝立國 137 年才出了一個「三元」，當然大件事，全國都寫詩以賀，還結集為《三元詩集》，但今日無人看。錢棨照例入翰林院修撰，修國史，也只是寫些歌功頌德的事。其後當上王子們的老師，還因不上班被罰革職留任，到乾隆退位（1795）時才是乾隆的侍讀，可謂未當過行政的官。嘉慶 4 年，他總算當上內閣學士兼禮部侍郎，不久就染病而死，如此而已，是名聲大功業小之列，連謚都未有。

　　陳繼昌 39 年後成為嘉慶最後一位狀元，也是歷史上最後一位「三元」，其後參加「朝考」亦得第一，於是到處「四元及第」，招搖過市。仕途呢，當修撰，做過兩任知府，江西按察使，和三任布政使，是從二品的官，既無卓越政績，也無名作面世，刻章「生平不作第二人想」，如此而已！

15）洪福聖明的道光

　　中國進入衰世當以清朝道光 20 年（公元 1840 年）的鴉片戰爭開始。道

光在位 30 年，最後 10 年的最高顧問當然是軍機處的內閣大學士們，當時有4 位，二滿洲人、二漢人，滿洲人是穆彰阿和寶興，漢人是狀元潘世恩和嘉慶七年進士卓秉恬。

此榜狀元是連中二元（會元、狀元）的吳廷琛，卻未得重用。狀元除了被權臣嫉妒，也互相排斥，人人學問都最好，穆彰阿是嘉慶十年進士，算是會考試的滿人，但卻不被嘉慶賞識，只做到侍郎級，但被道光看中，升了大學士、首席軍機大臣，而作為老師的潘世恩只能作軍機大臣上行走。

穆彰阿和潘世恩最為皇帝樂道的是「辦事謹慎、細心、行為端正、勤勞」，更高招是「順旨阿附」。時人諷刺二人行為有詩云：「著著著，主子洪福，是是是，皇上聖明」。所以道光被拍馬屁拍得不亦樂乎！時隔 180 年，居然在美國白宮重演，不順旨阿附、有獨立意見者，隨時下台，此亦衰世的指南針。

穆彰阿兼了翰林院掌院，亦即主考，當時收了兩個好學生，一個是曾國藩，道光十八年（公元 1838 年）進士，但殿試排名只是三甲 42 名；另一位有料之人郭嵩燾甚至名落孫山。此榜狀元鈕福保，止步於少詹事的小官。曾國藩在道光朝坐了 10 年冷板，最後還是靠穆彰阿提拔，急升至內閣學士從二品。

但道光看中的卻是林則徐，虎門燒煙是壯舉，而林則徐並未能入軍機處，但看當時軍機處卻是吹牛拍馬之人，林則徐無可能適應。同代尚有龔定庵、魏源等思想家，衰世無作為，合該如此！

16）最長壽的清代狀元

清末名臣，大家都知道是曾、左、李、張：張是張之洞，以「中學為體，西學為用」而知名於後世。當然事實上是當時中學已式微，無法為體，而西

學只知科技，無法為用。

張之洞只是進士出身，同時還有一位出自河北南皮的族兄張之萬。他比張之洞長 26 歲，是道光 27 年（1847）的狀元，非但是狀元，還是當過軍機大臣的狀元。

張之萬是最長壽的清代狀元（86 歲），謚文達，終其一身，是最識做官的狀元，在慈禧手下風生水起。張之洞最後也當軍機大臣，但和袁世凱在一起，起不了大作用，互相牽制而已。

張之萬的成功史，是一開始因為和八大臣之首的肅順不和，所以當咸豐病死，慈禧發動政變，張之萬站對了邊，論功行賞，當了兵部侍郎（從二品）。張之洞 36 歲才當狀元，已有點老，但 15 年後升了侍郎，也就不錯了。

從此張之洞任河南巡撫、漕運總督，又有擔任過太平天國剿捻軍的經驗，資歷完整，當時對手是兩江總督曾國藩，到 71 歲仍能後起當兵部和刑部尚書（從一品）。最光輝是慈禧不理眾議，將 73 歲的張之萬升任軍機大臣，取代恭王奕訢，78 歲升體仁閣大學士（正一品）。（清制軍機大臣和總理衙門大臣無品級，實為宰相級人馬）

到 83 歲，張之萬遇上千載大難的甲午戰爭，暗中主和的張之萬只好讓位予主戰的翁同龢，但受屈辱的是翁同龢被革，李鴻章成為千古罪人。

張之萬只是告老歸家，但年紀實在老邁了，《馬關條約》簽訂後一年張之萬病死，有《張文達公遺集》面世，最好收場了！

17）培養光緒帝的狀元

到江蘇常熟首先想去的是 350 年前去世的柳如是的故居，而不是 150 年前一門兩狀元的翁同龢、翁曾源的故居，柳如是得陳寅恪寫的別傳而名留後世。

常熟翁家興旺百年，始終敗於慈禧之手，清末黨爭的犧牲品往往如是，翁家發跡在翁同龢之父翁心存，是道光年間進士，但仕途順利，當了禮戶工三部尚書、翰林院掌院學士，體仁閣大學士（正一品），及上書房總師傅，教過同治和恭親王，謚文端，是道光咸豐年間重臣。如此家境，培養出翁同龢一位狀元，不稀奇。

未中狀元前，翁同龢已是貢士第一名，七品京官，仕途照例任修撰，然後任考官，門生遍天下是好處，當了兩任帝師，同治和光緒都是徒弟，光緒更是跟了 22 年（4 歲到 26 歲）。光緒的培育不可謂不深，但性格何以如此弱呢！老師無影響力嗎？翁同龢應負全責。

翁同龢仕途做到刑部尚書（從一品），大案是楊乃武與小白菜，52 歲首任軍機大臣上行走，但遭革職，64 歲再任軍機大臣，遇上甲午之戰，是主戰派，但負責善後是主和派的李鴻章。1895 年，翁同龢任總理衙門大臣，首位徒弟是恭王（1898 年死了）。當年外交部簽了《中德膠澳租借條約》，也是喪權辱國的。

翁支持新政，亦同情維新派的康有為，當了光緒和維新派中間人。但維新才 4 日，慈禧已出辣手，把翁「開轉回籍」，到戊戌政變後，更「着即革職，永不敘用」，只好在常熟老家如孤僧隱居，6 年後病死，相信是在憂中去世。這時光緒已無權，翁同龢仍得謚文恭，這位狀元不如老父。

18）狀元經商有二人

南通狀元張謇是一個勵志故事，一個三代寒門、無人應考的「冷籍」，要冒充他人的孫子，15 歲考上秀才，但身份不正，遭人勒索，傾家蕩產，才「改籍歸宗，保留秀才」。到考上舉人已經 33 歲，期間最大收穫是當了慶

軍統領長慶幕客，指點過袁世凱詩文，半師半友。中狀元已是 1894，甲午之戰之前，得帝師翁同龢力薦，光緒點為狀元，照例入翰林院當修撰，已經 41 歲的老狀元。

他第一份外差是當南通團練，練兵抗日，但《馬關條約》不久簽約，團練告終，張之洞改派在南通辦紗廠，成立大生紗廠，是狀元辦實業之始。同時另一位蘇州狀元陸潤庠在蘇州亦辦紗廠（1874 年），以低工資而大發利市。但局勢不饒人，戊戌維新失敗（1898 年），恩師翁同龢被貶，革新派失利，張謇亦只能離開北京。

1900 年，八國聯軍入北京，慈禧逃走，議和後回鑾，作狀推新政，當然是虛的。張謇回歸實業，興辦男女子師範，大中小學都一齊來，甚至要辦啞人學校，估計當時有 80 萬名盲啞人，是當年大量文盲一部分。

張謇在政治上是立憲派，最後轉向共和，是民國第一任的實業總長，但與孫中山不合，一個月後就辭職，這年他已 59 歲。

隨後袁世凱當總統，當年關係派上用場，又任農商總長，但反對袁世凱當皇帝，又辭職，退出政壇，大搞實業。最輝煌是民國九年，大生第一第二紡織公司純利一千多萬兩白銀，但軍閥時代轉盈為虧，晚年在逆境中度過，「野老灑淚江風前」，得年 73 歲！

19）考狀元難　當上狀元更難

滿清之世，114 個狀元，只有 8 個能當上軍機處大臣或行走，只是 7% 之微，這 8 人中，逢到機遇而能有作為兼得善終的只有王傑一人（即 1%）和早早退隱的金榜。即使乾隆的太平盛世也有奸臣和珅，如何應付大費思量，一念之差就萬劫不復。

　　每到考試放榜之際，人們就喜歡談狀元，其實中學時代考試拿到幾個 A 又算得甚麼，讀到博士後，拿到諾貝爾獎，那又怎麼樣，台灣政壇喜歡博士內閣，人人都是教授，結果管治無力，給人罵翻天。丁肇中説得好，「第一名是了解別人以前做過的事情」、「考試往往是考自己有的知識」，那是考記憶，如今電腦手機都能做到的事情。丁肇中是諾貝爾物理學獎得主，少時隨父到台灣，念了名校建國中學，但畢業只考了第 11 名。

　　狀元大概亦如此，中國狀元最有名的應是文天祥，《正氣歌》寫得多好，讀完此詩了解每一個典故，便知如何做人，「時窮節乃見，一一垂丹青」一句名留千古，但文天祥打仗一塌糊塗，文人帶兵，只能戰敗被俘。近代教育統計，有所謂「第十名理論」，真正有成就的大概考試在第十名左右，有何原因，還待考證。

　　為了證明狀元們其實成就不大，筆者遍翻《中國狀元全傳》，研究每一個狀元生平，結論是狀元們不太出人物，碌碌一生者居多，能有學術貢獻者亦不多。遠的不説，以清朝為例，滿清 267 年，出了 114 名狀元。參加科舉，當然是為了當官，一般進士及第，出身是七品官，狀元則好點，當修撰，修國史，是從六品，還可以入翰林院，當庶吉士，培訓 3 年，成為當宰相的苗子。其實清朝從沒設過宰相一職。清沿明制，雍正時設軍機處，內閣成為閒曹，軍機大臣成為事實上的宰相。要當到六部尚書是從一品，協辦大學士亦是從一品，當到殿閣大學士，如體仁閣大學士，才是正一品。有了大學士名銜，而能入軍機處當大臣或行走（雍正時才設軍機處），才算入了權力中心，可以為國為民出主意。真正的大臣要做到「天子之所是未必是，天子之所非未必非」，才算真宰臣，否則只是唯唯諾諾的叩首蟲，在歷史上留不下足跡的。

114 個狀元　8 個進軍機處

　　滿清之世，114 個狀元，只有 8 個能當上軍機處大臣或行走，只是 7%之微。清朝狀元中，更有二位連中三元的狀元（解元、會元、狀元），是乾隆四十六年（1781）的錢棨，和嘉慶二十五年（1820）的陳繼昌。還有一位二元（會元、狀元），嘉慶七年（1802）的吳廷琛，中狀元時風光一時，200 年後的今日，不看此文，恐怕很少人知道，這三位都無緣入軍機處，最高職位也就是從二品的內閣學士，就行人止步了，算是無甚作為的，也沒有留下甚麼重要的學術作品。

　　人生苦短，要長壽才能有時間為國家民族大業有所貢獻。錢穆指出：「人之壽命，實由其人內心之堅定，外行之純潔，意志力之強毅，全部人格之調整，始獲享有高齡。」錢穆以晚明諸老，黃梨洲、王船山、顧亭林、顏習齋等都得年七十以上，不論立心，制行，治學和成業都了不起，而更重要是「其生命的堅強與康寧」，此種生命是在清初那種千辛萬苦的環境中鍛煉打熬而來，而並非當了狀元探花，安享富貴，太平優遊，物質享受和舒適而得之。清朝發展到乾隆年代，已達最高潮，但要達到「明體達用，內聖外王」的境界，就難之又難，香港發展到二十一世紀，亦見之！

　　回看那 8 位能入軍機處理國家大事的狀元，有 6 位來自乾隆一朝，一位來自道光朝，一位來自咸豐朝，同治（亦即慈禧當政的三朝）以後，再無狀元可以入軍機處，可見乾隆是敢用人、排眾議的君主，只是執政最後二十年，寵信和珅，莫名其妙。和珅 40 歲已是文華殿大學士，40 歲已賀大壽，文武百官巴結，狀元畢沅賦詩 10 首相贈，留下證據，到和珅事敗，畢沅亦死，死前贈太子太保，但死後二年，被人告發，結果奪世職，籍沒家產，無諡號，死也不得安寧，留下《續資治通鑒》。但沒有司馬光那本聞名！亦是狀元的不幸。

　　清朝第一個狀元入軍機當宰相是乾隆二年（1737）的狀元于敏中，23 歲中狀元，才華出眾，入耳不忘，最高能力是能一聽就記下乾隆所口吟的詩，可能還潤色一番。他由從六品修撰到入軍機只用了 24 年，在位 18 年，開軍機大臣貪污受賄先例。59 歲文華閣大學士，終身受寵，65 歲死，謚文襄，入賢良祠，封一等輕車都尉，可世襲。死後二年事敗，貪賄案爆發，乾隆判撤出賢良祠，14 年後再剝奪子孫世襲，這是事敗身後的狀元第一個例子，乾隆無面子，兼記仇。

　　第二個狀元入軍機是乾隆十三年（1748）的狀元梁國治。25 歲中狀元，少年得志，45 歲才當江蘇學政，48 歲被告貪污而革職，花了一年才查明是家人貪倉米，與他無關。梁國治重被起用，任山西冀寧道台。後又升任湖南按察使、江寧布政使。其間遇上手下貪瀆，有不察之罪，但乾隆仍留任，還當上湖北巡撫。到乾隆三十八年（1773），才回京入軍機行走。乾隆三十八至五十年間，當上軍機大臣，和于敏中有重疊之處，最後是東閣大學士兼戶部尚書，是正一品。到乾隆五十一年病死，謚文定，得年 63 歲，贈太子太保亦是第一個得善終的狀元宰相，但生涯波幅頗大！

「直道一生立廊廟」

　　第三個入軍機的是乾隆二十六年中狀元的王傑，是貧家子，清朝唯一一個陝西狀元（韓城人），因當兩江總督尹繼善的文書而字體被乾隆熟悉，是乾隆欽點的狀元。本來第一名的趙翼反列第三，是探花，中狀元後就入值乾隆南書房，官符似火，幾年就升至內閣學士（從二品），乾隆五十一年，擢為軍機大臣，不要忘記這是和珅時代，而王傑疾惡和珅，天下皆知，乾隆也非笨蛋，只是忠奸並用，順手而能控制就好。到嘉慶即位，和珅倒，王傑二任軍機，嘉慶七年請辭退休，嘉慶贈詩：「直道一生立廊廟，清風兩袖返韓

城」。在和珅時代是難得，王傑得年 80 歲，是高壽狀元，贈太子太師，入祀賢良祠，謚文端，得善終。

　　第四位狀元是乾隆三十七年（1772）上榜的金榜，五代時期已有金榜題名就是狀元之説，此人居然名金榜，不能不中狀元也！金榜師從經學大師江永，未中舉人已經「以才華為天下望」。乾隆二十九年，乾隆南巡，詔試江南學子，金榜才應試，中舉人不在話下。乾隆早知其人，授官內閣中書從七品，本來是進士才能任的官，金榜當了，但更稀奇的是不久乾隆就將金榜任為軍機處行走，已是軍機大臣之一了。8 年後，金榜中進士，再殿試中狀元是必然了，乾隆怎會不認得金榜書法和文風呢！中狀元才是修撰從六品官，但金榜已是軍機行走，早已看慣宦海風雲，於是乘父喪，回籍奔喪停職 3 年，不再回京，窮畢生治禮學，留下《禮箋》一書，善終！

　　第五位狀元軍機是乾隆四十三年（1778）中狀元的戴衢亨，17 歲就中舉人，22 歲被乾隆看中，授內閣中書從七品，23 歲升軍機章京，24 歲中狀元，是乾隆四十四年，亦是和珅大紅大紫的時代，戴衢亨為和珅所忌，不得升遷，一直到嘉慶二年，乾隆這個太上皇仍處事，升了戴氏為「軍機大臣上學習行走」，是軍機內的第三級，還是賜三品卿銜才能擔任的。嘉慶四年，乾隆一死，和珅倒，和珅貶抑的人都升官了，到嘉慶十年，6 年間已升到戶部尚書從一品了。嘉慶十四年，升太子少師，同年被給事中花傑彈劾五大罪，結果罪雖不成立，花傑降三級，戴衢亨也降一級。戴早在嘉慶十年亦因為寫錯雍正廟號，革職留任。嘉慶十四年，戴氏似乎是犯太歲，又因戶部尚書任內失察下屬犯法，降二級留任，嘉慶十六年病死，才 57 歲，謚文端，贈太子太師，入賢良祠，又是一名因和珅而升官的狀元。

潘世恩歷經四朝

第六名當軍機是乾隆五十八年（1793）中狀元的潘世恩：這又是一位長命狀元，86 歲才歸天，歷經乾隆、嘉慶、道光、咸豐四朝，看盡清朝由極盛到太平到衰落的光景，潘是乾隆的末代狀元，沒有投入和珅陣營，所以在嘉慶朝青雲直上，10 個月內升到內閣學士從二品，中狀元到吏部尚書才花了 21 年。但又因辭官不當，被嘉慶貶回侍郎從二品，回家歸隱 14 年，到道光七年才復出，道光十四年升至軍機大臣上行走。道光後期的「內閣四相公」，一師三徒，潘世恩是師，其餘 3 人是徒，其中一徒穆彰阿就是禁煙英雄林則徐的恩師，可見其輩分之高。潘氏是支持林則徐的禁煙派，當官原則是「端正、勤勞、謹慎、細心」，凡事以皇上主意為主，是順着阿附的「人辦」，當然入賢良祠，謚文恭。潘世恩是衰世開始的狀元，鴉片戰爭、太平天國都開始了，潘世恩亦死了。

道光朝在 1847 出了狀元張之萬，咸豐朝在 1856 年出了翁同龢，都當了軍機大臣。兩人都遇上甲午之戰，張主和翁主戰，張退翁進，兩年後張死翁貶，不過張得年 86，是最長命的狀元，謚文達。翁則嚴譴後退隱 6 年才死，終年 74，無謚號。末世狀元遇上慈禧，不過如此，誰還想當狀元呢！

本文結論是，狀元而有機遇的不過是 7%，逢到機遇而能有作為兼得善終只有王傑一人（即 1%）和早早退隱的金榜。即使乾隆的太平盛世也有奸臣和珅，如何應付大費思量，一念之差就萬劫不復，考試成功不代表有成就，丁肇中所言有真理也！奉勸世人勿將考試成績和前途美滿及自我價值掛鈎，勿以考試成敗論英雄，世事並非如此！

20）君臣相知的謚號隱喻

自古以來，君權和相權是相抗的。君主講尊嚴，宰相講效率，皇帝死後謚甚麼號是臣子們議的，宰相死後謚甚麼亦要皇帝批准。所以文臣們一生夢想是當個宰相，死後有個好謚號，是他們終生追求的目的。

這個謚號，宋仁宗前最高是「文貞」，但宋仁宗名禎，所以「文貞」不能用，就改了「文正」。魏晉南北朝還未講究，謚「文」就算最高級了。孫權時代的張昭、魏國的司馬昭、西魏的宇文泰，都是位極人臣，怕是自己子孫封的。

到了唐代，看看四大賢臣，房玄齡謚「文昭」、杜如晦謚「成」，兩人都因子孫謀反，被廢了。唐玄宗一生用宰相多人，當中以姚崇、宋璟最有名，宋璟謚「文貞」，正常；姚崇只謚「文獻」，奇怪。唐玄宗另外謚了兩個「文貞」，他們是張説、陸象先，都是不附太平公主反叛，是夠忠貞了。

唐太宗只謚一位「文貞」

唐太宗則只謚了魏徵為「文貞」，實至名歸，貞觀之治，沒有魏徵不成。唐太宗嗜好太多了，但他又因侯君集造反，而魏徵曾推薦侯，又毀了和魏家的婚約，最後因征高麗大錯而覺得魏徵好，又復碑。

總言之，君臣相知，都是有限度，但若皇帝先死，就一切都假。宋朝王安石和宋神宗算是師徒吧，20 歲的宋神宗起用 49 歲的王安石，終生用其變法策略，但年輕的宋神宗卻先死幾個月，所以王安石當時無謚。

宋哲宗 10 歲臨朝，高太后掌權，重用司馬光，全廢新法，但司馬光一年半就死，高太后當然謚司馬光「文正」。而王安石要等高太后死後，宋哲宗再行新法，王安石被進謚為「文」，不知何解！

21）清代名位人物謚法

清朝是部落政治，對待漢人不是懷柔就是高壓，十分防猜，每位清帝都差不多。入關之初，多用降臣，又搞文字獄，「謂明臣而不思明，必非忠臣」。

到乾隆更設「貳臣傳」，所有降臣，當然在順治康熙沒有希望謚「文正」，雍正忌刻之人，沒有人令他滿意，更不會有「文正」。乾隆六年，要懷柔一下漢人，追謚康熙朝的理學家湯斌「文正」，是為平反。

湯斌，清正廉明，死時只有遺產八兩，要朋友贈金才能成殮，當過工部尚書而如此窮，可謂正矣。

乾隆謚的第二位是自己的寵臣劉統勛，此人平定陝甘、治漕治河，但亦是儉樸之人，死於上班途中，乾隆上門弔祭，才知這位軍機大臣家門狹窄，十分感動，乃謚「文正」。

劉統勛兒子劉墉，是民間傳說的劉羅鍋，才是有名，謚「文靖」（嘉慶年間死）；另一子劉鐶之，死於道光朝，謚「文恭」，能保兩代好，已不錯。

其後道光朝的曹振鏞，只是叩頭蟲，政風敗壞，由他而起，亦謚「文正」，令「文正」蒙羞。

最後一個算有份量的是曾國藩，平太平天國，又自動解甲歸田，不思謀朝奪位。而大清由他起，亦只得 50 年，百病叢生，取之亦救不回，不如謚「文正」算了，曾國藩自知當皇帝也當不了幾年，養生之道也。

慈禧也算識做，其後的李鴻藻、孫家鼐，都是以帝師而謚「文正」。到一個朝末年，謚法已無意義，濫竽充數，有大功的李鴻章謚「文忠」，林則徐謚「文忠」，左宗棠謚「文襄」，張之洞謚「文襄」，清末四大名臣亦謚不過帝師，已無道理了，焉得不亡！

22）從唐宋八大家看銜頭虛妄

香港父母希望子女不輸在起跑線，更羨慕人家中狀元，狀元是甚麼，只是進士第一名而已，可以入翰林院，頂多就是念博士學位而已，出來也不過當個七品官，運氣不好當個縣官，要當個翰林學士，返回京師，恐怕也要二十年。王安石、蘇軾都是廿一二歲中進士的人，但最後王安石回京當翰林學士已 49 歲，蘇軾也是 49 歲。

唐宋八大家是古文運動的宗師，文章公認是最好的，但當官最後的評語卻各有不同，唐朝的韓愈和柳宗元的官運欠佳，只做到潮州刺史和柳州刺史，都是貶官，韓愈回朝還當個國子祭酒，相當國立大學校長，只活了 54 年，謚「文」，已不錯。王安石也只謚「文」，王安石可當個宰相，只惜死在宋神宗之後，否則必謚「文正」。和司馬光一樣，蘇洵謚「文公」，兩個兒子，蘇軾和蘇轍一直在新舊黨爭中掙扎，死後要到南宋高宗時才追謚，蘇軾謚「文忠」，蘇轍謚「文定」，差了一級。

宋朝文章之祖的歐陽修一生風波，貶官多次，最後以副宰相「參政知事」而死，謚「文忠」。王安石寫了一篇超讚祭文，但宋神宗不給最高榮譽。另一位大家曾鞏，官職不高，亦只追謚「文定」。八大家只有柳宗元死在貶官中，沒有謚號，殘唐五代亦沒有君主有雅致去追謚，但柳宗元的「永州八記」，旅遊文章之祖，是不可沒的！南宋朱熹註解是「八股文章」必考的典範，也只謚「文」，反而宋徽宗亂給謚號，他的年代謚「文正」是蔡卞，蔡京之弟，鄭居中貴妃之從兄，蔡京之政亂，如此人物得「文正」，證明末世已來臨，世事往往如此！

23）由謚號而知人

古代臣子的一生評價是看他們的謚號，武臣第一謚號是「忠武」，文臣在唐代以「文貞」為第一，魏徵就是謚「文貞」。但到宋代，因為宋仁宗名為趙禎，避諱同音，「文貞」改為「文正」。

宋仁宗一朝謚了 64 名高官，1038 年謚了宰相王曾為「文正」，到 1051 年再贈夏竦為「文正」，被司馬光反對，認為文正乃最高謚美之號，夏竦只謚了「文莊」。一年後范仲淹被謚「文正」，司馬光沒有再反對，實至名歸。包拯雖因包公案知名，但只謚了「孝肅」。

到了宋神宗朝，歐陽修文名雖盛，但只謚了「文忠」（此謚亦難，到清朝林則徐亦只謚了「文忠」），有説宋神宗有意將「文正」留給王安石，但王安石死在宋神宗之後；到高太后臨朝，王安石連謚號都沒有。一直到 1093 年高太后死，宋哲宗當權，立刻在 1094 年追謚王安石為「文」，但亦未能謚「文正」，可見阻力之大。反而司馬光比王安石晚死半年，風光大葬，得謚「文正」，得償所願，可見死也要得其「時」，命運之弄人。

同時每到朝代末世，謚號就亂了，宋徽宗就謚了多名「文正」，其中較著名是蔡京之弟、王安石之婿、蔡卞就謚了「文正」。無疑蔡卞是王安石新政的忠實支持者，和蔡京卻是兄弟不同政見，總之得第一謚號有點虛。但不管出了多少「文正」，北宋在司馬光謚「文正」後 41 年就亡了。

到清朝謚文正最實在的是曾國藩，曾國藩謚「文正」後，清朝亦只有 39 年就亡了，期間還有同治之師李鴻藻，光緒之帝師孫家鼐也得謚「文正」，當帝師就得「文正」，那還要看徒弟有何作為，同治、光緒只是慈禧傀儡，哀哉！

各代人物的悲喜劇

1）王安石與司馬光　相知不相合誤國

　　美國新官上任多把火，廢醫保、築長城、棄協議，凡前朝舊政，無不廢棄，令人悠悠想起北宋元祐元年（1086 年）司馬光上台執政，盡棄王安石新政，一概不保留，即使蘇東坡、范純仁力爭新法中「募役法」可以保留。號稱「温良謙恭，剛正不阿」的司馬光，卻一意孤行。權力可以使人盲目，一至於此。何況美國商人當政，企業老闆沒幾個不是獨裁的。

　　北宋新政，始於宋仁宗執政 20 年後的慶曆三年（1043 年），社會大環境是「官壅於下，民困於外，夷狄驕盛、盜賊橫行」。北宋開國 83 年，已危機四伏，遼國、西夏是強鄰，不改不行。宋仁宗主導，任范仲淹為參政知事（副宰相）和韓琦、富弼等一起進行改革，范仲淹說「革弊於久安，非朝夕可能」。只不過改 10 件事（十事疏），就影響到既得利益，羣情洶湧，范仲淹只捱了 11 個月就出京外任，第一次改革失敗。范仲淹死於 1052 年，得年 64 歲，得到文臣最高榮譽，謚文正，封楚國公，「先天下之憂而憂，後天下之樂而樂」，名留後世。

范仲淹有命有運　王安石無此幸運

范仲淹是有命有運的典範，同是變法的王安石卻無此幸運，死於宋神宗賓天之後幾個月，身後淒涼，詩云：「慟哭一聲唯有弟，故時賓客合如何。」、「今日江湖從學者，人人諱道是門生。」王安石下台 10 年，相交只是普通人，反對他的舊黨固然不理，昔日手下亦人人自危，一篇祭文都沒有，只有上述張舜民的幾首詩。後來王安石進諡亦只得一個「文」字，是不是暗示不「正」呢？司馬光 5 個月後亦死去，得年 68，諡文正，贈太師，封溫國公，反變法只有一年時間，但支持他的高太后尚在（宋哲宗才 11 歲），乃有風光大葬。

王安石去世時，據載已經和王安石復交的蘇東坡不發一言，卻為司馬光寫萬言祭文，可見蘇東坡仍是脫不了「識時務」！《國史大綱》中，錢穆評范仲淹、王安石：「革新政治的抱負，相繼失敗了（時隔 26 年），但他們做人為學的精神與意氣，則依然為後人所師法，直到最近期的中國。」司馬光則沒有評價，雖然錢穆另有評二人的文章，說都是偉大的人物。後人對司馬光編纂的《資治通鑑》，評價不差，但畢竟是和眾人同編，不能和司馬遷所寫的《史記》相比。而唐宋八大家中的宋六家，只有三蘇、歐陽修、王安石、曾鞏，而無司馬光，在文學和經學上，則是王安石勝於司馬光，筆者最欣賞的宋詩絕句：「不畏浮雲遮望眼，只緣身在最高層。」、「看似尋常最奇崛，成如容易卻艱辛。」都是王安石作的。

宋仁宗當了皇帝 40 年，尊嚴是有了，但手下羣相的效率卻不怎麼樣，不管包拯斬了多少個皇親國戚惡霸，宋仁宗留下的元老大臣們，都是以「和親避狄為上策，因循苟簡為正論」。范仲淹 1052 年就死了，趕不上王安石變法，但韓琦、富弼、文彥博這些老臣仍在。宋仁宗 40 年皇帝，居然無子？後來南宋高宗當皇帝 36 年，亦無子，趙家 DNA 有點玄！將堂兄濮之子當養

子，是為宋英宗，只當了 4 年皇帝，當中為了將生父稱為「父」還是「伯父」，就搞出「濮議」事件，司馬光是「伯父派」，尊君思想發揮到極致！這 4 年當然搞不出甚麼政績，但深宮中居然養出一個開明的少年皇帝。宋神宗上任時 20 歲，這時王安石 48 歲，司馬光 50 歲。

王安石是江西人，屬南人；司馬光是陝西人，屬北人。北宋時代，浙楚閩蜀算南方，齊魯河朔陝西屬北方，文風以南方為盛，宋六家都是南人，但這時候，王安石因母喪居金陵，不肯回朝，而司馬光在朝已是北人領袖。王安石和司馬光都是官二代，少年隨父在外地為官，中進士後（王 22 歲中進士，司馬 21 歲中進士），都在外地當過縣令、判官之職。王安石 40 歲還當過三司使判官，了解國家財政，知道要改革。司馬光則堅持一切遵祖宗法度古禮，是極端守舊派。宋神宗 21 歲，召王安石以翰林學士回朝，隨即任參政知事（副宰相），第二年更升宰相正職。反對新法的司馬光則送去洛陽編《資治通鑑》，一去 15 年，沒有政績就是政績，15 年都在養望，才可以一舉回朝當宰相，這就是古來當官之道！

貶官故意「倒米」 王安石變法注定失敗

王安石的失敗在用人，但只是失敗在身邊人。宋朝家法不能殺士大夫，甚至不能貶為庶民，只能將在朝中失敗的京官貶至地方當地方官，但反對新法的貶官，又怎會配合王安石的新法，只會故意「倒米」，令民不聊生，這樣才會有復回中央之日，宋神宗和王安石計不及此，真慘，注定失敗。今日歐洲各國政客在國內失敗可去歐盟當官，亦古今相同。特朗普一上任要全部外交官下台，也是要貫徹自身的命令，亦同例！

宋神宗推行新政 17 年就死了，英年早逝，國運亦斷。王安石真正當權只是第一任的 6 年，的而且確，用的是南人，亦多是門徒。王安石掌權時風

光，但反對聲亦一大片，不異於宋仁宗范仲淹時代。反兼併得罪大地主官僚和老臣們是沒辦法的，反對派走內線，得到後宮高太后和曹太后支持，此二太后，都是宋朝開國元老的後人。曹彬、高瓊都是大功臣，所以不是普通婦女，朝中亦有人。宋神宗太年輕，支持不住，王安石只能請辭返金陵，二年後復相亦無作為，反對聲音太大，而手下呂惠卿、蔡確亦不想舊老闆回朝，阻住升遷之路。王安石只能返江寧蔣山山庄，一去 10 年，直至死去，留下150 首詩，亦算多產，但文章是當官時寫得好。

舊派回朝　新派列「奸黨」

　　到宋哲宗上位，高太后執政，舊派回朝。司馬光當宰相已 66 歲，既老邁昏庸，亦無力有新招，一切復舊，但亦支持到 68 歲就死了，除了破壞，沒有建設。8 年後高太后亦死，宋哲宗才真的掌權，18 歲最叛逆，立即用章惇，復新政，但亦只行了 7 年，宋哲宗亦在 25 歲就死了，向太后決定選弟弟趙佶上位（宋哲宗亦無子）。章惇表示趙佶輕佻不可選，向太后不聽，章惇下場是貶官至死，和前任蔡確貶官廣東至死，同一命運。王安石死得早，逃過一劫。因為舊派上台，將王安石手下三十餘人全部列為「奸黨」，多人貶死！下手真辣，舊派最大勝利是《宋史·奸臣傳》中，新派中的南方人多列為奸臣，名單如下：蔡確（泉州）、呂惠卿（泉州）、章惇（建州）、曾布（江西）、安惇（廣東）、蔡京、蔡卞兄弟（福建仙遊）。他們和秦檜、賈似道、丁大全同榜，看來有點冤，歷史記錄之可信度，由此可見，尚幸《宋史》編者還不敢將王安石放入榜中。錢穆感嘆，北宋的儒家，「不幸同時存在朝中，學術意見沒有好好發展到深細博大處。而在實際政治上，發生衝突，結果是被羣小所乘，正人見鋤，學術不興，國運中斷」。這發生在宋徽宗的 25 年間，蔡京 4 次為相，4 次下台。蔡卞死得早，還被宋徽宗同意謚「文

正」，成為宋史上 9 位「文正」之一，和范仲淹、司馬光齊名，可謂笑話，但蔡卞是王安石學生兼女婿，政見和蔡京不一樣，兄弟相左，但蔡京即為奸相，蔡卞「文正」被削，亦是必然。歷史上最講「勢」，名言是「當人強盛，山河可拔，一朝羸縮，人情萬端」。王安石、司馬光早在黨爭熾熱前都死了（1086 年），但鬥爭連續了 40 年，直至北宋亡，錢穆評曰：「宋室在新舊兩派更互改作中漸逆、新派亦非無賢者，而終不勝意氣私利之洶湧。兩黨皆可責，亦皆可恕也。」「賢者」二字，代代不同，王安石 23 歲時一篇文章《同學一首別子固》，寫的是曾鞏，「江南之南有賢人焉，字子固，非今所謂賢人者，予慕而友之」。他之定義賢者是「言行學聖人」，聖人「溫良恭儉讓」，王安石肯定不是這類，司馬光則被當然地稱為此類人，但一旦權力在手，立即剛愎自用，後世之人亦多如此。蔡京未露原形，亦是賢者，王安石所用莫非賢者，所以呂思勉說：「不以成敗論英雄，因為一件事太多外來的因素，王安石失敗了，司馬光成功了，但宋朝的元氣亦大傷了。」

　　王安石的外來因素是不得人情，歐陽修比王安石長 14 歲，是提攜王安石之人，亦反新法，但歐陽修死於熙寧五年（1072），是變法之初，影響還不大。曾鞏和王安石同齡，最老友，但新法 11 年，都在京外任職，不肯回朝幫手，老友而政見不同。司馬光長王安石兩歲，是同事兼好友，終於反目。《答司馬諫議書》中一句，「游處相好之日久，而議事每不合，所操之術多異故也」，這個「術」字，說明一切，同是儒家也不同術，惜哉，千古遺恨！同代人物，相知而不相合，往往國家受害！

2）短暫的張居正改革　敗給潛規則

　　　　張居正敗在「鐵面無私」，能要求自己，要求李太后和萬曆

不得過分，但如此「鐵面」，在明朝是一定要付出代價的。張居正為整頓吏治，發出「考成法」，要監察全國 2 萬文官在稅收和捕盜兩項工作的成績，亦即是與 2 萬名讀書人為敵 10 年，此仇如何不報？張居正一死，14 項大罪齊出。

王安石和張居正分別是宋明兩朝的傑出人物，但歷史上都被視為當時權臣，而不是所謂「古大臣」，原因是權臣不能服眾，而服眾之難，古今一般，誰也當不上大臣。王安石是正牌宰相，參知政事時 49 歲，當政 7 年就罷官，隱居 10 年，宋神宗死、新法全罷，有用者亦未執行，王安石鬱死，但死敵司馬光亦只多活 5 個月，北宋在變來變去之間，在王安石死後僅 41 年就亡國，孰是孰非，錢穆評為「兩派，可責亦可恕」。

亡國不能預言，張居正時代，宰相一職已被廢多年，張居正只是內閣首輔，只供顧問，而有專權，所以言官日日責其擅作威福，取代皇帝。但皇帝在其執政 10 年，只是 9 至 19 歲，又如何當權？張居正執政在 47 歲至 57 歲之間，和王安石都是最成熟的年華。王安石還有 10 年隱居生涯，留下大量著作，雖然死時門庭冷落，世態炎涼，還不致禍及兒孫；張居正雖然改革成功，「循名責實，起衰振敝」，用人治河守邊得當，「太倉積粟，可支用十年，卣寺（太僕寺）積金至四百餘萬兩」，但死後被抄家，只因「雖能治國，不能服人」，「法度雖嚴，非議四起」。

歷史學家黃仁宇在《萬曆十五年》一書中說：「凡是和文官集團公開作對的人，沒有一個能得善終，即使皇帝最親信的人，遲早也會被大眾清算」，張居正和文官集團鬥法 10 年，取得成功，一死就被彈劾 14 條大罪，有多少是真，令人存疑，但萬曆要玩清算，而當年支持張居正的李太后亦不發一言，張氏家族只好滿門流放！

　　王安石的《讀史》詩如此寫：「自古功名亦苦辛，行藏終欲付何人。當時黮暗（暗淡）猶承誤，末俗紛紜更亂真。糟粕所傳非粹美，丹青難寫是精神。區區豈盡高賢意，獨守千秋紙上塵。」史籍記載難於憑信，自古已然，於今猶甚。現實生活毀譽不一，王安石和張居正的史實，多少被扭曲了，自古文官集團以道德倫理做幌子，攻擊敵方，以留名青史，事實上誰又會理會那些言官，白費了氣力，是歷史上的負能量。

萬曆十五年　大明走到盡頭

　　「萬曆十五年」歲在丁亥，是 1587 年，表面上四海昇平，無事可記，事實上張居正已死 5 年，冤案已確定。平反要等到 40 年後的明熹宗天啓二年，孫子推翻爺爺的決定，這位無作為的「木匠皇帝」總算幹了一件對事，但萬曆十五年，大明帝國已走到盡頭。60 歲的抗倭名將戚繼光，因為是張居正愛將，被貶、貧病交迫而死。思想家李贄自殺而死，70 歲。不為張居正所喜的海瑞，復出 5 年亦死了，得年 77 歲。萬曆怠工亦由這年開始，黃仁宇如此說：「皇帝的勵精圖治或宴安耽樂，首輔的獨裁或者調和，高級將領的富於創造或者習於苟安，文官的廉潔奉公或者貪污舞弊，思想家的極端進步或絕對保守，最後結果，都是無分善惡，通通不能在事業上取得有意義的發展，有的身敗，有的名裂，還有的人則身敗兼名裂。」

　　張居正的評價，哲學家熊十力的評語最為激賞：「漢以後二千餘年人物，真有公誠之心，剛大之氣，而其前識遠見，灼然於國覆種奴之禍，已深伏於舉世昏偷，苟安無事之日。毅然以一身擔當天下安危，任勞任怨，不疑不怖，卒能扶危定傾，克成本原者，余考之前史，江陵一人而已。」張居正，江陵人，故稱之江陵。

　　要知張居正執政之日，大明立國已 205 年，經歷正德、嘉靖、隆慶三朝

昏君，同時經歷嚴嵩、夏言、徐階、高拱等多朝庸臣，實在已到亡國之際，有識之士已經看到，只差是內憂還是外患。張居正能用治河專家潘季馴，及大將李成梁、戚繼光、俞大猷，天下才轉危為安，張居正亦未遇上甚麼明君，要報知遇之恩，只是幫忙李太后和萬曆這對忘恩負義的孤兒寡婦。王安石還算是幫忙宋神宗這位奮發有為的 20 歲青年，張居正只是當個顧問的首席大學士而已，言官告他「儼然以丞相自居」，此權不用，大明無作為也。言官又告張居正收賄好色，助子中狀元，凡事要看當時社會風氣，張居正執政已近明末，萬曆十五年距離明末最大花花公子張岱出生只差十年而已。古人三妻四妾，張居正有兩名美妾算甚麼大事！若論貪，張居正被抄家，只抄出黃金 400 兩，白銀 10 萬兩，雖然仍和明朝官吏正當收入相差很遠，明朝以低薪出名，前時嚴嵩被抄家，「黃金 3 萬餘兩，白銀 200 餘萬兩，其他珍寶不可數計」，其子嚴世蕃更藏金十數窖，每窖百萬兩，張居正簡直是清廉！

「考成法」得罪 2 萬文官

明末人自己評張正居 10 年：「輔政十年，中外相安，海內殷富，紀綱法度，莫不修明，功在社稷。」但張居正敗在「鐵面無私」，能要求自己，要求李太后和萬曆不得過分，但如此「鐵面」，在明朝是一定要付出代價的。張居正為整頓吏治，發出「考成法」，要監察全國 2 萬文官在稅收和捕盜兩項工作的成績，亦即是與 2 萬名讀書人為敵 10 年，此仇如何不報？張居正一死，14 項大罪齊出，其實亦是標準奸臣罪項：欺君毒民，接受賄賂，賣官鬻爵，任用私人，放縱奴僕，凌辱縉紳，結黨營私，把持朝政，居心叵測，結論就是要篡位奪國了。表面證供是生活奢華，家有絕色佳人，都是趨奉小人所送。萬曆被這位太師管了 10 年，有少年叛逆症，19 歲青年要報仇，正中下懷，要報復這位巨奸、偽君子、獨裁者，追回「太師」，追回謚號是小事，張居正「禍

發身後」，子孫死的死，流放的流放，所有手下官員，均被誅連，這些治國好手一齊被炒，大明朝如何不走向衰勢？張居正一死，「考成法」被廢是必然，因為不利文官系統，而文官系統沒有了張居正這對頭，箭頭指向萬曆，皇帝生活豈不更奢侈，妃嬪更多？張居正1582年6月死，1584年9月，萬曆總結張居正罪狀：「誣衊親藩，侵奪王墳府第，箝制言官，蔽塞朕聰，專權亂政。」本來要剖棺戮屍，姑且因效力多年而寬免。一言貫之，侵犯皇權而已，每一個當權的大臣都可以如此判罪，民間認為「功在社稷」是沒有用的！

不管是張居正或是王安石，執政必定是「怨謗交集」的。張居正面對的是上有皇室母子，下有2000名京官和18000名地方官。王安石面對的是已經成年亦有主見的宋神宗，張居正則是面對10歲小兒。王安石得不到後宮太后支持，張居正開始時得到李太后支持，但到末期，為了不肯給李太后父親由「武清伯」升「武清侯」，暗中反了面而不知。張居正死後3月，「武清伯」升「侯」！張居正之敗，敗在「自信過度，不能謙虛謹慎（甚至虛偽），不肯對事實作必要的讓步」，又過度相信皇室「情誼」，10年「師生之情」，只有反效果而不知。所以他有生之日，可以用權勢壓制2萬名官員，一旦身故，事業心血付之流水。

張居正得罪兩個皇室女人

當然，「政治遺產」讓萬曆享受30多年，而張居正十萬兩銀「身家」被抄，則「濕碎」之極了。至於皇室情誼則有異於世俗情誼，「它不具有世俗情誼那種由於相互關懷而產生的永久性」。張居正的敗因之一是得罪了兩個皇室女人，一個萬曆寵妃鄭貴妃，一個是李太后，而不是家中那些絕色美人。皇室情誼是短暫的，因權位而改，今日的所謂國際元首情誼，亦作如是觀。若可信，安倍之流是好例子，張居正不可能替換那20000名文官，只能

通過有限的親信去管理，若能像如今美國換政府、一換 4000 名官員，但能保證那 4000 名都是能和自己一致的自己人嗎？不可能，美國亦不可能，這是效率問題，皇帝講尊嚴、宰相講效率，張居正能在生前保證效率，但一死就效率全無，人治就是如此！

張居正是明朝 200 多年間的一流人物，23 歲中進士後就當京官，歷經嘉靖、隆慶兩朝的內閣首席學士們的鬥爭凡 24 年，見證了夏言、嚴嵩、徐階、高拱的下台，都沒有好結果，全部都是「專政攬權，擅作威福」，應知皇室之無情。

47 歲卒因首輔高拱和頭號太監馮保之爭，漁人得利，成為帝師兼首輔，完全知道惟有大權在握，內閣的二輔三輔四輔合作，才有治國之望，而下面 1100 多個州縣，1.8 萬文官和在京的 2000 京官，要人人服氣，是無可能的事，只有問責制的「考功令」才有成功可能，10 年有成，但怨謗滿天下，成為權臣，但死後卻得到奸臣的待遇，這是明朝「內閣制」的缺憾。首輔不應有權，只供顧問，但事實上不是個個皇帝精明和勤力，又肯授權，治國才有可為。明朝的文官系統最識只是定義何謂道德，皇帝都要遵守，何況首輔。張居正在修身齊家治國平天下四治中，在齊家有缺失，既無力令老父守法，又無法令兄弟子姪家奴不貪，其實其父只橫行 5 年就死了，張居正又因不守三年之喪，變成貪戀權力，「奪情」之害，大矣哉。兒子中狀元是皇帝殿試示好，沒有拒絕，又被罵為破壞制度。

古代人筆記和今人的「網誌」沒有分別，可信性極低，偏見極高，所以史家都教訓讀史時，要看何人何時為何而寫。明朝中葉後，已是「賄隨權集，貪瀆黑暗，諂媚趨附」，張居正身處其間，最後抄家只得十萬兩銀，萬曆亦無可奈何，不能以此入罪，留下翻案之機。萬曆死後兩年（天啟二年），張居正即被平反（40 年）！王安石則等了 700 年到清末才平反。大臣難當啊！

王安石與張居正

南懷瑾說:「歷史是公平的天秤,也真有明鏡高懸,可以照見善惡而使原形畢露的作用。」但這明鏡作用也是要時間的。北宋王安石和明朝張居正都是大政治家,也是大改革家,王安石改革基層執行失敗,張居正一條鞭卻執行到底,成功了,但卻被後世史官形容為個性偏執、做人急躁、不能容「氣節之士」,當然這些「氣節之士」也是問題多多的反對派而已,真正的個性如何,後人不知。反正做人和做事,很難兩全。做事成功,做人失敗;做人成功,做事無料,本來就是眾生常態,世上何來如此多聖賢。孔子、孟子在其當世,也不算成功人士。

王安石不幸在死後被蔡京之輩用來做神主牌,鼓勵宋徽宗要做宋神宗,但偏偏宋徽宗是個藝術家,管治不了國家,乃致亡國,王安石當了趙家替罪羊,而寫宋神宗傳的史官,卻是個洛派傳人。趙構為了維護皇家聲名,亡國罪在王安石,王安石被誣 700 年,到清末才平反,民初梁啟超時代才真相大白,但「拗相公」之名至今未去。

張居正死後只風光了 3 日,所有名譽被推翻,家族遭橫禍,只因萬曆要立聲威,但萬曆剩下的 38 年,要替張居正平反之聲不絕於耳。萬曆當然不准,但萬曆死後 3 年的天啟二年,張居正就平反了,只等了 40 年(王安石要 700 年)。清人有詩:「半生憂國眉猶鎖,一詔旌忠骨已寒,恩怨盡時方論定,邊疆危日見才難」。張居正是過勞死,只得年五十八,王安石死前歸隱 10 年,誰較幸福,難定!

3) 從明末到民國　亂世無礙出人物

自古以來,中國出人物講究門第出生(書香世代),師承何處

（大師級最佳），交遊網絡（友多聞多藝），社會閱歷（走遍天下如太史公），但到了清末最亂的 20 年，這四大因素都不重要。筆者研究這批人物大都是農家子弟，少歷艱辛，天賦未必一流，但中年勇進（人生最忌懶惰和懦弱），老年睿智，至死不休，多享高壽，平生生活簡樸，多患眼疾（讀書超量）。

　　錢穆的《國史大網》談明清之際的轉變，大部分是由於明朝內部發生的政治問題，崇禎才勤力走向反方向，並不是中華民族的衰老，錢穆甚至認為：「以明末人物言之，較唐宋之亡，倍有生色」，「以整個奮鬥力言，亦為壯旺。」雖然如此，亦亡國了。而清兵能滅南明，厥為漢奸之助，這批漢奸如洪承疇、吳三桂、孔有德、尚可喜、耿仲明，當然是當世一號人物，只是沒有了忠義，是高能的利己主義者，報在後世。當時亦有降臣，如江左三大家（錢謙益、吳偉業、龔芝麓），帶出了風塵女俠如柳如是、顧眉生、卞玉京等，當然亦有死難者如史可法、黃道周（百年後，乾隆捧為「古今完人」），但有多少人留意呢！

明末遺民：「少歷艱苦，晚臻耆壽」

　　錢穆最留意的一批人物，是明朝遺老遺少，志節堅貞，學風篤實，由反清工作退身學術文化事業，將中華文化傳承下來，成為 300 年後，憑藉他們的人格潛力，做了反清革命最有效的工具。他們刻苦、堅貞、堅毅、篤實，博綜的風氣，大概是每一代中華文化傳承者的共通點。至清末亂世，亦留下大批人物，亂世無礙出人物，且如太史公所言，「此人皆意有所鬱結，不得通其道也」，才會有精采的文章面世。明末遺民的特點，是「少歷艱苦，晚臻耆壽」，「民族元氣，得以獨存於凶喪耗散之餘」，這批遺老都能「有體有

用，形成多方面圓滿完整之人生。」他們立身成學著書，皆卓然有成，被後世敬慕，是中國學術史上極光輝的一幕，錢穆的《中國近三百年學術史》，寫的就是這批人。

明朝遺老試舉六人為例，年紀最大的孫夏峰、明亡的 1644 年已 60 歲，結果活到 91 歲，有 32 年可著書立説（1584-1675）。其次是黃宗羲，明亡 34 歲，活到 85 歲（1610-1695）。顧炎武，明亡 31 歲，活到 69 歲（1613-1682）。王夫之，明亡 25 歲，活到 73 歲（1619-1692）。李二曲，明亡 17 歲，活到 78 歲（1627-1705）。最年輕是顏習齋，明亡才 9 歲，活到 69 歲（1635-1704），活得最久的李二曲到死時已是康熙 44 年了。

「遺民不世襲」，他們不為官出仕，但子孫無辦法，只能與異族政權妥協。他們的生活方式，只能是出家、行醫、務農、處館（教八股應試）、苦隱（或移民海外如日本）、遊幕和經商。由此可見，這批遺民，在清朝初期的生活、亦必艱苦，只看康熙破三藩，已是康熙 20 年（1681），到收服台灣更是康熙 23 年（1684），無年無兵災，康熙盛世只是史官之筆。讀史者必須留意，這批遺民反科舉，不必研究八股文，節省多少時間來研究學問；但拒絕仕宦，與清朝政府不合作，自然失去經濟憑藉，這是每一個身當亂世的讀書人所面對的。

若是躬耕為農，入市為商，時間耗盡，亦無法盡其負荷民族傳統文化的職責，這亦是 300 年後，清朝末年到二十世紀這近二甲子的讀書人所面對的問題。不過這次既有清末的滿洲貴族、各路軍閥、國共內戰、列強入侵、美蘇冷戰、文化大革命等各種運動，情況複雜得多，但若以 1891 年至 2011 年這 120 年來的研究，中華大地又出了哪一批如明末遺老的人物呢？真有趣。

四大名臣主持洋務運動

1842 年道光和英國簽了《南京條約》，陸陸續續又簽了很多條約，最大損失是咸豐 1858 年和俄羅斯簽的《璦琿條約》和 1860 年亦是和俄羅斯簽的《北京條約》。痛定思痛，1861 年恭親王上了《通籌夷務全局章程》，推出「洋務運動」，當年用字仍是「夷務」，天朝心態，只是「師夷長技以制夷」。主持人是四大名臣：曾國藩、左宗棠、李鴻章、張之洞，一直到甲午之戰 1894 年，才告全盤失敗。曾國藩死得早，1872 年就去了，作為不大。左宗棠收復新疆，立了大功，但和洋務關係不大，借了洋債是實的。李鴻章和張之洞全程參與，但甲午之敗，無從卸責，張之洞留下「中學為體，西學為用」，但意見雖好，社會是學絕道喪，根本拿不出所謂「中學」。

「洋務運動」之際有哪些人物降生呢，如果以在 1891 年出生的胡適為分水嶺，1861 年至 1890 年的 30 年間，文史學界出了甚麼人物？著名的康有為已 3 歲（1858 年），梁啟超生於 1873 年，蔡元培生於 1868 年，周樹人生於 1881 年，史學家陳垣生於 1880 年，呂思勉生於 1884 年，熊十力生於 1885 年，譚嗣同生於 1865 而死於 1898 的戊戌政變，是十九世紀已死的人物，本文就不談這些「古人」了。

康、梁是最大「空想家」

1861 至 1890 年之間，是西學萌芽之際，談不上有科學家出現，商人也只有紅頂商人胡雪巖，政治人在部族政治下，難有作為，最大動作亦要等到戊戌政變（1898 年）才發生，百日維新亦只是「紙上空談」，康、梁被視為最大「空想家」，文筆再好，亦無執行力，所以要作人物研究，亦只能限於文學家、史哲學家和藝術家三種，清末最後 20 年 1891-1911，最亂世最艱辛，卻出了不少人物！

　　自古以來，中國出人物講究門第出生（書香世代），師承何處（大師級最佳），交遊網絡（友多聞多藝），社會閱歷（走遍天下如太史公），但到了清末最亂的 20 年，這四大因素都不重要。筆者研究這批人物大都是農家子弟，少歷艱辛，天賦未必一流，但中年勇進（人生最忌懶惰和懦弱），老年睿智，至死不休，多享高壽，平生生活簡樸，多患眼疾（讀書超量），在大陸遭遇文革，在台灣則處於威權政治，只有在香港較幸運，但他們活着的時代，香港也不富裕，也苦得很。筆者挑選了 10 位人物來研究他們的逸事和生活，作為學習，也算是「別類史識」吧！依出生年齡來排，分別是一、胡適（1891-1962）71 歲，死於台灣；二、郎靜山（1892-1995）103 歲，死於台灣；三、梁漱溟（1893-1988）95 歲，死於大陸；四、顧頡剛（1893-1960）87 歲，死於大陸；五、陳寅恪（1890-1869）79 歲，死於大陸；六、錢穆（1895-1990）95 歲，死於台灣；七、林語堂（1895-1976）81 歲，死於台灣；八、傅斯年（1895-1950）55 歲，死於台灣；九、徐悲鴻（1895-1953）58 歲，死於大陸；十、張大千（1899-1983）84 歲，死於台灣。這 10 位人物，共同點是全部生於大陸，最後 6 位死於台灣，8 位壽過七十，6 位壽過八十，3 位壽過九十，攝影大師郎靜山更過百，只有傅斯年和徐悲鴻未過六十，能活到二十世紀的八十年代，見到大陸經濟起飛的曙光，有梁漱溟、錢穆和郎靜山，錢穆和林語堂都在香港工作過，是中文大學的教職員，總算見到由亂世到暫安，不枉此生也！

　　若將人物的範圍由十九世紀最後 10 年，推前到二十世紀的前 20 年 1901 至 1920 年，又可另增多位〔見表〕，首先哲學家熊十力的三大弟子：徐復觀（1903-1982）79 歲，死於台灣；牟宗三（1909-1995）86 歲，死於台灣；唐君毅（1909-1978）69 歲，死於香港。目前來説，牟宗三可能比老師更聞名，這 3 位都是新亞書院的教授，筆者在新亞就讀時的教授羣真強勁啊。當然，

筆者當年的歷史導師，是錢穆稱為「老學生」的金中樞（1928-2011），後來去了台南成功大學授課，始終未能再回新亞，錢穆亦無能為力，是新亞的損失。

　　此後就是錢鍾書（1910-1998）88歲，和楊絳（1911-2016）105歲，兩夫婦既長壽亦多產，雖有文革之苦，亦淡然視之，比熊十力的絕食而死、陳寅恪被紅小將們虐待而死，是能將現實生活分隔出距離的成功例子。當然還有南懷瑾（1918-2012）他由大陸到台灣，由台灣到香港，由香港又返太湖，高壽而死，1988年看出丁卯之變，毅然離開台灣到香港定居，再到太湖建立大學堂，從小學生教起，從歷史認識，認為中國國運有200年，奇人也。

　　近世以來，大家所知是「南饒北季」，季羨林（1911-2009）精通外文，著作不絕，死於北京。最後一位是香港的饒宗頤，1917年出世，今年百歲了，國學大家、敦煌專家、書法家，香港之寶，在香港大學和中文大學都曾授課，在香港算是桃李滿天下，更是新亞人的岳父，香港總算在人物學並未缺席！

中國文化大師簡歷

姓　名	生卒年	年　齡	去世地
前五四人物			
嚴　復	1854-1921	67	中
蔡元培	1868-1940	72	港
梁啓超	1873-1929	56	中
陳　垣	1880-1971	91	中
周樹人	1881-1936	55	中

姓　名	生卒年	年　齡	去世地
呂思勉	1884-1957	73	中
熊十力	1885-1968	83	中
五四人物			
胡　適	1891-1962	71	台
郎靜山	1892-1995	103	台
梁漱溟	1893-1988	95	中
顧頡剛	1893-1980	87	中
陳寅恪	1890-1969	79	中
錢　穆	1895-1990	95	台
林語堂	1895-1976	81	台
傅斯年	1895-1950	55	台
徐悲鴻	1895-1953	58	中
張大千	1899-1983	84	台
後五四人物			
錢鍾書	1910-1998	88	中
楊　絳	1911-2016	105	中

姓　　名	生卒年	年　齡	去世地
季羨林	1911-2009	98	中
牟宗三	1909-1995	86	台
南懷瑾	1918-2012	94	中
唐君毅	1909-1978	69	港
饒宗頤	1917-2018	101	港

4）康有為、梁啓超師徒的起伏和影響

康有為、梁啓超師徒之別

梁啓超和康有為這對師徒，性格各走極端，其實極難合作，失敗也就不出奇了。梁啓超是甚麼人，胡適在日記中如此寫：「為人最和藹可親，全無城府，一團孩子氣，人家說他是陰謀家，真是恰得其反。」梁啓超的學生則如此形容：「坦率天真，交際非其所長，尤不知人，為生平最短，但大事不糊塗，置恩怨於度外。」

胡適又說：「才高而不得有系統訓練，好學而不得良師益友，入世太早，成名太速，自任太多，故他影響甚大而自身成就甚微。」

梁啓超確有天聰，少時從母從祖父從父就學，12 歲中秀才，所謂「童子秀」。15 歲中舉人，17 歲拜康有為為師，23 歲已有能力編《讀書次第表》，居然 6 個月內讀完經、史、子、理、西學五項，古今中外無不知，微言大義

無不曉，只反映康有為的凡事「意思逼促及自視過高」。

梁啓超 25 歲時是康有為的影子，參加戊戌維新失敗後，逃亡日本 14 年，由日本的翻譯書中學習西方理論，但限於日本的翻譯能力，很多事只能想像得之，不能潛沉深思，所以梁啓超一生不斷推翻自我，難聽是「屢變善變」，好聽是「與時並進」。

梁啓超是多產作家，每日多篇，很難深思，結論追不上變化，錯誤難免，是「急於發表」的弊病，25 歲就得大名，39 歲返國就任高官，進步黨的精神領袖，滿腔熱情，無限信心，「筆鋒常帶感情」，文章對青年人有無限魔力，但梁啓超又是一個感情勝於理智、意志薄弱、凡事想得簡單、又自覺對國家民族有責任的人，苦也！

一條路走到黑的康有為

康有為與梁啓超最大分別是：康有為「太有成見」、梁啓超「太無成見」，這話是梁啓超自己說的。康有為是最自傲的，自詡「吾學 30 歲已成，此後不復有進，亦不必求進」。梁啓超則「常自覺其學未成，且憂其不成，數十年在彷徨求索中」，所以康有為早年是「先時之人」，是希望做時勢的英雄。

清末是亂世，需要改革，康有為理想是「大變全變」，亦有熱情和膽氣，所以才能弄出「公車上書」、「戊戌維新」，要建孔教，當教主，稱專王，比孔子還偉大。為人自信心太重，乃至不承認自己有錯，錯了也要堅持，一條道走到黑。沒想到 130 年，中華土地仍有此等人物，所以批康的人都說他是「武斷、執拗、專制」。

而梁啓超最大責任是替師傅補鑊，中國要雄飛宇內，要到二十一世紀，康有為早了 120 年，所以康有為必不能得其志，且無所補益於國家，清末士

人風氣「今日事無可為，正我輩醉酒時人之時也」，康有為弟弟康廣仁言康有為：「規模太廣，志氣太銳，包攬太多，同志太孤，舉行太大。」所以敵人眾多，戰線太廣。呂思勉稱康有為是「最大空想家」，亦即是說大而執行力太差，人緣又不好，加上 30 歲就不再讀書研究，思想是超前，但停滯不前，如何能成功。

中國在脫清需要是「應時之人」，時勢所造之英雄，可惜呼喚出來的卻是袁世凱，而戊戌維新的關鍵人物正是袁世凱，維新派將希望寄托在袁世凱身上，乃全盤失敗。康有為下半生是「太落伍」的年代，身後蕭條，草草成殮，亦哀哉！

康有為、梁啓超的科舉命運

康有為、梁啓超還有袁世凱都是科舉不利之人，梁啓超本來是神童，15 歲中舉人，但 17 歲、19 歲、21 歲、22 歲四次上京考進士都失敗，文章不好嗎？當然不是，要不然後來怎會成為大作家。

康有為考了多少次沒有研究，但最後一次是 1895 年甲午戰後一年，和梁啓超一齊赴考，梁落選，康有為卻中了進士第 8 名，考官徐桐大怒，攔不住。康有為是 48 歲才中進士，既是今文派的代表人，又是公車上書的代表（康有為上清帝書一共上了 6 次），事實上在官場已少有名氣，只不過為人「自視很高，性格孤傲，又好為人師，固執己見」。

當然他在 120 年前提出「興民權，開議會」的救國理念，追求「自由、平等、民主」，沒有幾個中國人能明白，康有為的啓蒙亦不外乎讀了前輩魏源的《海國圖志》和徐繼畬（1795-1873 年）的《瀛寰志略》而已（書成 1849 年），如此就能真正了解西方民主議會的真諦，令人存疑！

120 年後再看西方民主制度，亦問題重重！變法成功又如何！康有為如

此性格，單憑空想和勇氣，居然能弄出戊戌維新，康梁又深信光緒這個「聖上英明」可以打敗慈禧，是否有點天真呢？康有為中了進士，但好像沒當成官，也未入翰林，大概無人會為他發聲。他 1897 年入京，居然得五大臣接見（李鴻章、翁同龢、廖壽恆、張蔭桓、榮祿），「上清帝第六書」終於上達光緒，康有為意氣風發，梁啓超才再次赴北京，上書廢八股取士，百日維新開始了。

康有為、梁啓超的婚姻生活

　　梁啓超評孫中山為「略通西學，憤嫉時變之流」，但梁啓超真的通西學，要在戊戌政變後逃亡日本那 14 年間，得讀日本翻譯的幾千種西書之後，梁啓超在日本大談「自由、民主、民權」，民權當然包括女權，反纏足，推行西方的一夫一妻制，話雖如此，康有為、梁啓超都是百多年前的人，對婚姻並無身體力行。

　　梁啓超一妻一妾，妾侍王氏還是主妻李氏的傭人，李氏生三子女，王氏生六子女，梁啓超重視家庭教育，在日本時把子女帶來同住，回國亦同住天津，梁啓超亦如現代父母，一切盡在「安排」中，年長子女都送到北美洲就讀，學有專長，但梁啓超早死，56 歲就離世，死時成年子女分別是 36、28、25、22、21 歲，但仍有 4 名由 8 至 17 歲，李夫人早他兩年已死，梁家經濟來源是梁啓超的稿費，如此收入來源斷絕，一家重擔由妾侍王氏支撐，居然人人成才，出了 3 位院士，是養子教子一大奇蹟，王氏功不可沒。

　　康有為是更傳統的中國式婚姻，居然共有 6 名妻妾，筆者到青島康有為故居，看過那些家庭照片，6 妻妾 12 子女，家族繁衍，生活奢華，令同行女伴十分鄙視，再無好感，當時沒有仔細分辨這些妻妾的年齡，稗官野史說，妾侍位位入門都是 18 年華，何以喜歡這老人？在日本娶了日本女傭不

出奇，到 61 歲才娶第 6 房，何謂女權，大概從未在康有為心中。追求團體大變全變，自己三妻四妾卻不變，康有為乃雙面人而已。子女四散海外，亦難教也！

梁啟超盡騷演講功力

錢穆和梁啟超是同代人，梁啟超死時 56 歲，那年錢穆已經 34 歲，但錢穆到北京，梁啟超已死，緣慳一面。錢穆少年時，還以為梁啟超是古人，後來看到報上文章，始知梁啟超還在世。

梁啟超當時是大名人，到處講學，樂此不疲，從政時就是如此，可以一日講四場，由早到晚，「每夜非 2 點鐘客不散，每晨 7 點鐘客已麕集」。最長者「凡歷 3 小時，其他亦一二小時，每日談話總在一萬句以上」。但居然「肺氣大張，體乃愈健」，確是「人氣集於一身」，眾人如羣星拱月，飄飄然也。梁啟超自書，此次歡迎，遠勝 1912 年 8 月孫中山、黃興來京時 10 倍。又說孫中山、黃興來時，「每講說皆被人嘲笑」，「吾則每演說令人感動」。這是寫給自己女兒家書中的肺腑之言，十分陶醉也。

梁實秋紀錄了在 1923 年梁啟超在清華學校的演講，這年梁實秋是 20 歲青年，梁啟超已經 50 歲了，書中是如此形容的，「一位短小精悍禿頭頂寬下巴的人物，穿着肥大的長袍，步履穩健，風神瀟灑，左右顧盼，光芒四射」，「廣東官話是夠標準，距離國語甚遠，但聲音沉着有力，洪亮而激亢」，所以能令人聽得懂每一字，如果說得太標準，效果反而差一點，妙哉！

梁啟超演講，是手舞足蹈，忽哭忽笑，每次講完，大汗淋漓，狀極愉快，梁啟超「筆鋒常帶感情」，演講的情感更強烈，梁啟超的講稿是用毛筆寫在寬大宣紙上，講完就收入文集。梁實秋認為這篇文章的趣味遠不及這次演講，如今能如此投入者，有幾人！

蔡元培、梁啓超身後

　　戊戌 120 年了，令人想起康有為和梁啓超。戊戌維新是紙上政變，光緒變法出不了紫禁城，兩個講廣東官話的人跟一個講北京官話的少年皇帝是如何溝通的，一直是筆者的疑惑。

　　1898 年戊戌，康有為 41 歲，梁啓超 25 歲，出逃日本，到 1911 年大清亡國才能返故土。康有為講學和從政意氣從此暗淡；梁啓超則返國加入袁世凱內閣當司法部長，但一事無成，退出政壇。到 1943 年，梁漱溟在文章中指出，1893 至 1943 年的 50 年間，中國出了兩個偉大人物，一個是蔡元培，另一個是梁啓超，貢獻是「引進新思潮，衝破舊羅網，推動了整個國家大局」，而梁啓超一生成就，「不在學術，不在事功」，獨在「迎接新世運，開出新潮流」。

　　梁漱溟建議青年們讀一讀梁啓超的書，讀了還是有用的，飲冰室文集 2000 萬字，到了二十一世紀，哪位青年能放下手機去讀和讀哪幾篇呢？不太可能。胡適認為代表作是《新民說》，指出中國文化的缺點，西方可取的美德。

　　蔡元培在香港去世（1940 年 3 月），他被蔣介石日記寫為「鄉愿」，不喜歡蔡元培之情溢於言表，但弔喪總算有幾百人，梁啓超早於 1929 年死在北京，弔喪人也不少，但國民黨控制輿論，被弟子認為身後寂寞，一直等了 13 年（1942 年）才有明令頒獎，也算好了。回看歷史上的王安石、張居正，要平反 40 年至 700 年呢！

120 年後看康、梁

　　120 年後再檢視康有為、梁啓超兩師徒，真不知如何可以相知相得！康有為性格孤傲，梁啓超則較和氣；康有為是個機會主義者，梁啓超坦率天真；康有為固執「一根筋」，梁啓超沒有成見，要變就變；康有為忠於大清，

搞復辟，梁啓超走向共和，主張立憲；康有為揮霍無度，梁啓超勤儉寡慾。

　　唯一相同點，就是康、梁都不知人，看錯光緒帝的能力，投錯注，事業立於必敗之地。另外，康有為好為人師，梁啓超相對謙虛；康有為沒有人緣、易招是非，梁啓超經常要為老師補鑊；康有為甘冒天下大不韙，梁啓超反帝制，推出倒袁運動；康有為只輝煌了前半生，41 歲前彗星一現，戊戌維新失敗後，再無作為，梁啓超 21 歲東渡日本 14 年，加強學習西方理論，名滿天下。

　　梁啓超的活動能力、交友能力遠勝康有為，建立良好人脈，沒有梁啓超這弟子服務，康有為恐怕玩不出戊戌維新。康有為 41 歲才中進士，賞了四品工部主事，梁啓超只中了舉人，從政生涯要等到袁世凱當了總統，才任司法部長，但從政任官，都沒有成就，反而回歸書齋，才大放光芒。康有為妻妾眾多，事敗後妻妾子女都流亡國外，子女成就不大，12 個子女只有 2 個女兒稍有名氣。梁啓超 2 妻 9 子，家庭和樂，教子有方，一門三院士，人人高學歷，修身齊家，遠勝康有為。梁啓超留下《飲冰室文集》百年後仍有讀者，康有為的《新學偽經考》，只有專家才研究吧！兩人成就大大不同。

各代歷史人物的分析

1）齊桓公、齊宣王之別

　　春秋齊桓公是五霸之首，戰國齊宣王是七雄之一，兩人無血緣關係，齊桓公是姜子牙十二代孫，而齊國中段被田氏所取代，齊宣王名田辟彊。

　　兩人相差 355 年，有何相同相異之處？首先齊桓公只稱公，在位 42 年，「九合諸侯，一匡天下，天子受籍，立為大伯」，重用管仲 40 年。但管仲死後二年，被寵臣易牙等所害，有病臥床，餓死宮中，屍骨 67 日才收葬，死得甚慘。齊宣王在位 18 年，最有名一件事是重用孫臏，大破魏國龐涓，俘了魏太子申，威動戰國羣雄，王后是醜女鍾無豔，「有事鍾無豔，無事夏迎春」，流傳千古。

　　齊宣王重用孟嘗君，開養士之風，禮遇孟子。魯仲連（間接）、顏斶、王斗等高人，在戰國中也不算昏君，好處是有容人之量，「直言正諫不諱」。王斗見齊宣王，齊宣王要直言，王斗居然答：「斗生於亂世，事亂君，焉敢直言進諫。」誰也不悅，但齊宣王還聽下去。於是王斗比較齊桓公和齊宣王，稱齊桓公為「先君」，先君所好有五，今王有四，齊宣王客氣說：「焉能有四。」精采的是，王斗所說的「五好」是：好馬、好狗、好酒、好色、好士，齊宣王有前面 4 個，但不好士。齊宣王辯稱：「當今之世無士，寡人何好？」

王斗舉例，王使人為冠，不使左右來做，而請工藝人來做，原因是「能之也」。

今日治國，非左右便辟（便，順其所好，辟，避其所惡）不用，就是不憂國愛民，齊宣王只能謝曰：「寡人有罪國家」，於是王斗推薦五人任官，齊國大治。於明清朝諸帝，王斗「大不敬」，斬首示眾。戰國君主也可愛！

2）　韓愈命窮文不窮

現代青年呻窮，薪水低又上不到樓，怨氣沖天，不如讀歷史，看古代的大文豪大詩人的生活是如何過的。唐宋八大家之首是韓愈（770-824 年），只活了 54 歲，但「文以載道」，千古聞名。韓愈 41 歲仍然窮到不得了，寫下《送窮文》，要送走窮鬼和他 5 個夥伴，結果還是送不走，「君子小人，所求不同」。

韓愈一生耿直，要當君子，也是命該如此。窮鬼 5 個夥伴是「智窮」、「學窮」、「文窮」、「命窮」和「交窮」，韓愈是「命窮」無疑，3 歲喪父從兄，兄又死從嫂，努力讀書，25 歲中進士，同一題目同一考官，三年前落第，25 歲得第一，「有命無運」至此。入仕途當上監察御史（正八品），但為民請命，得罪朝中大官，貶出朝中，當陽山令（正七品）。後來得丞相裴度看得起，官至刑部侍郎（正四品上）。

唐憲宗時代，政治並不清明，憲宗信佛過痴，韓愈上「諫迎佛骨表」，被貶為偏遠的潮州刺史（正四品下），已算不錯，唐朝白居易、柳宗元等都貶至「司馬」一級，只是「從五品下」的刺史下屬。後來上了感恩表，才轉至較近的袁州刺史（仍是正四品下）。要當清官，當然命窮；和老友柳宗元、劉禹錫亦生意見，則是一生無肝膽相照的知心友，謂之「交窮」。

韓愈到 50 歲才被新皇帝召回朝當國子祭酒（大學校長），從三品，安穩

了 4 年就逝世，謚文公。韓愈當然不至「智窮」、「學窮」、「文窮」，這三方面都算有成就，但社會狀態不容許韓愈在官場有大成就，世上才有文學上的韓愈。柳宗元亦是如此，杜甫亦是如此，去不了窮亦非壞事！

3）孝文帝崇尚漢化

史家多推崇唐太宗（598 至 649 年），但多忽略北魏孝文帝（467 至 499 年），兩人相差不過一百年，中國土地上，鮮卑族仍在世上稱雄，唐太宗之祖母有鮮卑血統，孝文帝的祖母卻是漢族，都是漢族鮮卑混血兒，具有北方民族的勇武，卻又崇尚漢化。

孝文帝不失一代英主，在位 26 年，但是他 5 歲上位，10 歲喪父。直到 23 歲時，權力慾極強的祖母馮太后才死去，其實馮太后死時才 48 歲，主持朝政達 24 年，逼兒子退位，挾孫子以令諸侯，是比武則天更強的太后，只差沒有奪位，但至死大權未喪，還在英年，到過山西大同雲岡石窟的人，都知道石窟中有兩個佛像，是以馮太后和孝文帝為原型的聖像！

孝文帝被管得極嚴，可想而知，孝文帝到 23 歲才大權在握，推行漢化，馮太后身為鮮卑化漢族，應無異議，但朝內鮮卑人反對可以想像，遷都洛陽，30 歲以下青年必須漢化，30 歲以上隨便。

「一國兩制」早在 1500 年前有先例，孝文帝既漢化，改拓跋姓為元姓，子孫有元好問，重儒學，但亦引入印度佛教，敦煌石窟和雲崗石窟，加上洛陽龍門石窟，傳世一千五百多年，影響直至現代。

唐太宗的遺傳傑作只是貞觀之治，有人說連巴比倫文明、埃及文明，都可以從石窟見之，沒有研究！四大文明滙合在中國，有點虛，但亦是一件值得「推尋和會通」的歷史文化事件，研究歷史多有趣味啊！

　　鮮卑族早已融入中華民族血統中，當年改為漢姓的鮮卑人，如今安在？但培養成隋唐盛世，也不過是百年之事！

4）晚唐太監當權百年

　　歷史上太監專權，與王室驕奢成正比，而王室最驕奢分別是東漢、唐朝和明朝。

　　東漢末，袁紹起兵，盡誅太監，不分老少，殺者 2000 人。到唐朝玄宗時代，宮嬪達 4 萬，而太監六品以下穿黃衣者三千，三至五品穿朱紫衣者千餘人。唐玄宗的公主們尊稱高力士為「翁」，肅宗當太子時亦稱高力士為「二兄」，唐肅宗時太監李輔國稱為「尚父」，代宗時太監魚朝恩，權大到可以譖罷郭子儀兵權；到唐德宗時，禁軍的兵柄歸了太監，從此唐朝王室已無話事權。

　　所以唐朝可分數期，由開國貞觀到李治死的永淳，是開創期；65 年（公元 618-683 年），武則天奪權 20 年（公元 684-704 年）；李隆基父子奪回政權；進入開元天寶盛世 50 年（公元 705-755 年）；安史之亂後，肅代中興（公元 756-779 年）；至德宗怯懦，軍權入太監手，唐朝進入衰世。由唐憲宗被弒，此後 100 年，穆宗、敬宗、文宗、武宗、宣宗、懿宗、僖宗、昭宗 8 個皇帝，有 7 位由太監所立，只有敬宗是承繼，但亦為太監所弒。唐文宗曾用李訓謀誅太監失敗，自嘆：「周赧漢獻尚受制強臣，今受制家奴，更為不如。」唐朝最後 100 年由太監主持，白居易只能嘆「可憐夜半虛前席，不問蒼生問鬼神」。當時政客人人求神拜佛，以為自保，亦可憐可笑。

　　唐亡前夕，詩人韋莊詠：「無情最是台城柳，依舊煙籠十里堤。」到唐昭宗，朱溫竊權，去了太監，亦大殺文人，指為浮薄，更稱「此輩自謂清流，

宜投之黃河，使為濁流」。朱溫果然將裴樞、獨孤損等朝士貶官 30 餘人，一夕盡殺，投屍於河，死得極慘！

5）唐太宗、唐玄宗的異同

唐太宗李世民和他的曾孫唐玄宗李隆基最大共同點是甚麼？兩人都在玄武門發動政變，令唐朝李氏內部改朝換代，李世民公元 626 年在玄武門殺李建成、李元吉兩個兄弟，成為終身污點，獎品是 627 年開始「貞觀之治」，無這段政績，李世民不外一個弒兄殺弟的投機分子而已。以鮮卑風俗而言，這亦是常事。

到李隆基有沒有歷史教訓呢？唐玄宗面對形勢更複雜。首先武則天退位，繼位的是唐中宗李顯，武則天退位是有條件的，是李、武兩氏共同執政，但真正執政是李顯妻子韋后，聯合武三思武攸暨安樂公主和上官昭容的小集團。奇怪的是武則天英明神武，但兩個兒子李顯和李旦都是庸碌軟弱，為妻子女兒所制，虎媽生犬子。

李隆基只是相王李旦之子，外有文武班子，內有高力士作內應，但唐中宗李顯仍當了傀儡 6 年之久（705 年至 710 年），韋氏則日日想當第 2 個武則天，於是唐中宗突然暴斃。死前，太子李重俊起兵殺武三思，但政變失敗，李重俊亦被斬首，兩敗俱亡。武三思是韋后情夫，但繼位是另一兒子唐殤帝李重茂。

李隆基發動「玄武門之變」，韋氏集團被一網打盡，韋氏被斬首遊街示眾，相王登位。

李隆基有勢力，但只是老三──非嫡子，另一份勢力是相王之妹太平公主。還好嫡子李成器禮讓太子，李隆基（710 年）被冊封太子，相王李旦變

了唐睿宗，仍當了 3 年（710 年至 712 年）才讓位。但太平公主要權，想再次擁立李旦復位，李旦差點 3 次當皇帝，但李隆基先下手為強，反政變，太平公主賜死，李隆基善待兄弟，大家得善終！

6）六百年前的「一帶一路」

朱元璋雄猜之主，萬事猜疑，41 歲當上皇帝，到天下大定，已經 60 餘歲，培養了 20 多年的太子朱標，卻忽然病死，只得 38 歲。這時已經封王的兒子尚有 24 名，第三代的皇孫無數，但朱標的長子雄英亦已死了，可以選擇的只有三孫允炆。朱元璋考慮了 5 個月，決定傳嫡，立朱允炆為皇太孫，史書稱：「太子死，孫孱弱，故為身後之憂，一面封建諸子，各設衛兵三千，乃至一萬九千，一面盡誅功臣宿將。」

朱元璋怕異姓功臣奪位，但若讀歷史，當知漢有七國之亂，晉有八王之亂，宋有燭影搖紅。

太宗奪嫡，何不選年長之子們，這年朱棣 33 歲，老二秦王朱樉 36 歲，老三晉王朱棡 35 歲，都沒有入選，在「恭謙寬仁」上未合格。

史稱朱元璋不喜歡老二朱樉，不願意按長幼順序，去排老三老四，有逆倫常，所以選擇了年僅 16 的朱允炆，孱弱在所不計，因為以為諸王府的兵只得幾千一萬，中央軍隊足以平定。

朱元璋若多活幾年，皇太孫長大了，一切好辦，朱元璋不知是有先見之明，老二老三都年不過四十，死在朱元璋之前，怎料號稱多病的老四朱棣，居然活到 65 歲，但取得帝位也經過 4 年，不是勢如破竹。

如果朱元璋留下多些忠貞老將，也許就造反不成了，也是運氣吧。朱棣是古代推出「一帶一路」的人物，62 歲定都北京（1421 年），鄭和已經五

下西洋，而出使西域的陳誠亦於 1415 年三使西域返回中國，留下《西域行程記》和《西域番國志》兩書，成為重要史料。

7）傳子抑傳孫之誤 —— 朱元璋

朱元璋 41 歲當上大明皇帝，立即將 13 歲的長子朱標立為太子。若一切正常，到朱元璋 71 歲死時，朱標已經 44 歲，國有長君，大明江山應該穩陣。身為第四子的朱棣，上面還有二哥朱樉，三哥朱棡，怎麼想也不會繼位的。

朱元璋的馬皇后一生無子女，朱元璋側妃所生的兒子全部由馬皇后養育，人人無分嫡庶。朱元璋是猛治之輩，偏偏卻培養了一個仁治的太子。

洪武 3 年，朱元璋先封 10 子 1 孫為王，個個有封地。到洪武 24 年，共封 25 子為王，朱元璋 40 歲後的生殖能力更強。天有不測之風雲，朱元璋 55 歲時，馬皇后死了，長孫也死了。更大意外是，朱元璋 65 歲那年，太子朱標也死了，才 38 歲。另選東宮，是擇子還是擇孫，朱元璋面臨抉擇。

這年朱棣 33 歲，二哥三哥 34 至 37 歲之間，能征慣戰，都在邊塞，燕王朱棣在北平，老二秦王朱樉在西安，老三晉王朱棡在太原，英武聰敏，為父所喜。朱棣則「賢明仁厚、亦英武似朕」（《明太祖實錄》，乃朱棣重修，當然不可信），但朱元璋最後選了第 3 名孫子允炆，才 16 歲。若朱元璋多活 10 年，允炆繼位已經 26 歲，亦算長君，那些叔叔已經 40 多歲，也許不足為患。問題是朱元璋只守了 6 年就死了，死前將功臣名將全部殺了，李善長案，殺 8 侯，死 2 萬人；藍玉案，殺 13 侯 2 伯，死 1 萬 5 千人，明朝開國本來人才不少，但朱元璋誅戮太甚。

建文帝允炆，只得齊秦、黃子澄兩名庸臣，武將只有老將 65 歲的耿炳文和紈袴將軍李景隆，4 年之間就敗了江山！

8）鄭和、鄭芝龍的功業

明朝 276 年歷史中，能揚威南中國海，留下歷史印記的是兩個姓鄭的人士，一頭一尾相隔 200 年。鄭和七下西洋，就是到南中國海為主（1403 年至 1431 年），遠及非洲，鄭和在南中國海到處有祠，為當地人奉為神，反而在明清的中國，被忽略了。

另一位是鄭芝龍（1604 年至 1661 年），控制 700 條船，20 萬大軍，其實比鄭和的 260 條船、28000 人的大軍更具實力，控制範圍更由日本、台灣直到南中國海。

不過，鄭芝龍的身份複雜，亦商亦盜亦官員，角色因時而變，最後降清被殺，成為清朝叛臣，當然不會有好紀錄。鄭芝龍家族四世而亡，鄭成功、鄭經、鄭克塽控制台灣，早在 1633 年鄭芝龍擊敗荷蘭東印度公司的軍隊開始，到 1661 年鄭成功退守台灣，鄭經主政 19 年，鄭克塽當傀儡 2 年降清的 1684，凡 51 年。

沒有鄭芝龍的開發，鄭成功不可以攻佔台灣，事實上，鄭成功到台灣才 2 年就身亡，得年 38 歲而已，對台灣實際上沒有甚麼時間來造福民眾，能有延平王祠，是後人對他反清的堅決而有所感念，鄭經才是經營台灣真正執行人。鄭芝龍少年時學會葡文，改葡名，入了天主教，是一個接受西方知識的人，29 歲就以台灣為基地，24 歲被明招安，名為海防游擊，繼續營商。

明亡，他擁立唐王為隆武皇帝，又被洪承疇這位福建老鄉招降，降清時才 42 歲，但孤身入北京，手中大軍早已傳給鄭成功，自己封了同安侯，但形同軟禁，清朝以鄭芝龍為人質要挾鄭成功投降，清朝料不到招降失敗，乃斬鄭芝龍，死時 57 歲，有點早！

9）鄭成功、鄭經命短

　　洪承疇這大漢奸和鄭芝龍都是福建泉州南安人，洪承疇比鄭芝龍大 11 歲，是老哥。1646 年，洪承疇南下勸降鄭芝龍，提出上中下三策，一是自立為王，二是抗清而死，三是歸順清朝。第一策就如洪承疇不為時人所齒，出師無名必敗；第二策兵力不及新銳滿清大軍，最後兩敗俱傷；第三策可以封爵。

　　鄭芝龍一介商人，平衡利益，結果選擇降清，但只是孤身上京，並未解散手下 20 萬大軍，而是將兵權交給鄭成功。這一年（1646 年），鄭成功才 22 歲，他更有一個來自日本的母親，這亦是一個謎。鄭芝龍娶了日本平戶藩家臣田川昱皇的養女，而田川本身是漢人，原名翁昱皇，所以這名養女不一定是日本人，而田川氏回到泉州亦改稱翁氏。

　　鄭成功 7 歲才由日本返國，接受儒學培訓，熟讀《左氏春秋》和《孫子兵法》，原名森，賜名成功，聚集南方人才，對抗滿清凡 11 年。直至 1655 年，51 歲的鄭芝龍才被判「縱子叛國，削爵入獄」。

　　其實鄭氏父子自然有溝通，還有書信被清朝截獲為罪證，鄭成功堅決不降，條件比是書生的文天祥要好，還有台灣這個基地，鄭芝龍既逃走不得，只好犧牲了。

　　鄭芝龍作出一個商業決定，失敗了要付出斬首的代價，鄭成功作出一個政治決定，卻名垂千古，明鄭王朝在台灣只有 22 年，原因是鄭成功只得 38 歲，鄭經接任亦死於 39 歲，而第三代鄭克塽 11 歲就要上位，2 年就要降清，主少國疑。再看蔣氏王朝，在台灣，亦只得二代，39 年就給李登輝滅了，30 年過去了，還未得安葬，慘！

10）晚明學者與現代「四錢」

錢穆討論晚明諸儒學術成就的難得，是因為外在環境的惡劣，先有流寇之亂，繼而滿清入關，社會經濟極差，所以這批學者生活特色是「牢獄流亡飢寒孤寂」。但這批一流學者，無人不活過 60 歲，9 人中有 5 人過 70 歲，一人 86 歲，一人 92 歲。以當時醫健環境，確是稀奇！

一個人壽命長短，論結果是看其「對民族國家大業的貢獻」，而人能長壽，論原因是由「其人內心之堅定，外行之純潔，意志力之強毅，全部人格之調整」。晚明學者以「生命之堅強與康寧」，是在「千辛萬苦中鍛煉打熬而來」，而並非因安享尊榮、太平優游和物質生活的舒適而得到的。

再觀現代的人物，恰好有「四錢」的資料，錢穆，歷史學大儒，95 歲；錢學森，航天之父，98 歲；錢三強，原子彈之父，79 歲；錢鍾書，文學大家，88 歲。他們都是高壽之人，都沒有舒適富貴的生活，但都有幸福美滿的婚姻，各人都有一位高壽夫人。錢三強夫人何澤慧，核物理學家，97 歲；錢鍾書夫人楊絳，著名作家，105 歲；錢穆夫人胡美琦，83 歲；錢學森夫人蔣英，音樂家，92 歲。

這四位錢氏宗親，都享受了五六十年的婚姻生活，夫人們各有專業，都能把丈夫照顧得高壽，自己亦得高壽，多麼難得，他們的環境要比晚明諸儒要好得多了。筆者近年研究人物，文史的居多，科學界較少，是疏忽了。今日中國的復興，實在是在科技上追上西方，而文化上仍未得認同，後學要找對人物，好好學習啊！

11）曾、李不反之謎

史評家常討論曾國藩和李鴻章都有機會取大清而自立為王，但都選擇當

建制內的忠臣，安享晚年，保住富貴足矣！

　　曾國藩和幕僚趙烈文在同治六年（1867）的一場閒暇可見端倪，這是太平天國敗亡 3 年後，曾國藩只加虛銜，官任仍是兩江總督，可見清廷的疑慮。北京的現狀是怎麼呢？「氣象甚惡，明火執仗立案時出，而市肆乞丐成羣，甚至婦女亦裸身無袴」，擺明是「治安不良，難民遍地」。歐盟今日尚未至此，但恐怖事件太多。

　　八旗綠營全無戰力

　　曾國藩怕「恐有異變」，趙烈文則認為大清入關已 220 年，也到分裂之時，但要中央「抽心一爛」，才會土崩瓦解！至於「創業太易，誅戮太重」，得天下太巧，那仍是古人相信天命之說，實則滿洲部族人才已盡，軍力亦不濟，八旗兵和綠營都無戰鬥力，生活太舒適了。

　　而下層社會的「反清思潮」200 年不散，曾國藩當時居然說「吾日夜望死」，因為憂見滿清王朝之隕，果不其然，曾國藩 5 年後就去世，還當甚麼皇帝，時間不許也，曾國藩自知身體不成。

　　趙烈文看 50 年後的景象是「方州無主，人自為政」，是有遠見的。事實上，大清末年是羣龍無首，軍閥、官僚、土豪、劣紳、洋買辦、空想家、先進知識分子充斥，李鴻章和他的淮軍部下更無法主持大局，當皇帝只是坐在火山口，所以雖有常勝軍等外國僱傭兵勸進，不如繼續當滿清和外國人的中介。大清一年收入亦不過 8000 萬兩，還要面對日本和八國聯軍，不如讓老太婆慈禧去「威斷」好了。李鴻章亦在亡國前死了！

12）雄直倔強的曾國藩

　　看清朝官方人物，要看生前當上那一種正一品的「大學士」，依次是保

和殿、文華殿、武英殿、文淵閣、東閣、體仁閣，所謂三殿三閣。有無軍功要看有沒有當首席軍機大臣，死後有沒有諡文正。軍機大臣是雍正朝才有，所以康熙朝以前不算，康熙給名號也是很「節制」的，雍正朝第一名臣是張廷玉，得保和殿大學士，乾隆朝只給了滿洲人傅恆，兩人都是首席軍機，但張廷玉死在乾隆朝，和乾隆關係沒有和雍正好，諡號只得文和，傅恆只得文忠，乾隆朝第一寵臣是和珅，亦只得文華殿大學士、首席軍機，但被嘉慶賜死，無諡，在乾隆朝諡文正還有劉統勳，但文官號只得東閣大學士，太低了。嘉慶朝得諡文正是朱珪，更是協辦大學士，從一品，沒有入軍機，道光朝第一寵臣是曹操嫡系後裔的曹振鏞，從政 52 年，得壽 81 歲，首席軍機，武英殿大學士，諡文正，正史評語一流，民間則被諷「叩頭蟲」，莫衷一是，到了慈禧當政的同治光緒朝，第一名臣當然是曾國藩，軍功第一，但從未入軍機，大學士亦只得武英殿，諡文正，反而李鴻章得文華殿大學士，但李鴻章諡文忠，差了一級，李鴻章亦未入軍機，可見慈禧朝的滿族防漢人得權之心態。其後李鴻藻、孫家鼐以帝師得諡文正，張之洞雖入軍機，但只得體仁閣大學士這最低層次的稱號，諡文襄。由這堆範例可見，曾國藩被滿洲貴族用而不親，封亦有保留，直到死了才諡文正，因為鬆了一口氣。曾國藩是韓愈、王安石一號人物，雄正倔強，一般老闆不喜也！

13）左宗棠後繼無人

「一帶一路」開發大西北，新疆又成為熱門，這個區域 133 年前還稱西域，一直到 1884 年，左宗棠奏請成立新疆省；以符「故土新歸」之意，沒有左宗棠經營西域十二年半（1868 至 1881），新疆今日究竟是蘇俄、中亞，還是土耳其屬地，尚未可知。對今日領土完整，左宗棠功不可沒。

在晚清人物中，左宗棠是科舉失意、大器晚成之人（後隨的是袁世凱），若非太平軍興，左宗棠大概一生以幕僚終老。左宗棠在 42 至 48 歲擔任湖南巡撫的幕僚，49 歲改投曾國藩陣營，50 歲就升任浙江巡撫，一步登天。51 歲任閩浙總督，滅了太平軍餘黨，但隨後回亂又起，左宗棠 56 歲調任陝甘總督，開始了 12 年半平定大西北的生涯。

在非正途出身下，任協辦大學士、東閣大學士而不必退休。有人告他任內貪污，結果在閩浙陝甘，都被證明清白，所以左宗棠清廉是經得起考驗的，而他的忠誠被慈禧下令「三十年不得奏左」，這是曾國藩也做不到的。

當然，曾國藩被老弟曾國荃所累，清白不到哪裏，而李鴻章就更不用說了。不過，收回伊犁是左宗棠被調走後的事，曾國藩之子曾紀澤是有功的，左宗棠最後不當軍機大臣，而出任兩江總督，中法之戰請命督師，死於福州，享年 73 歲。

左宗棠是創業有功，繼任無人，「一腔熱血，灑向東流」，只因繼任人人格不足轉移風氣，氣魄不足支持難局，眼光不足擔當大任，威望又不能籠罩大局」，左宗棠志業無法完成，晚清人才短缺，也只能如此。後世選繼任人，可不慎乎！

14）伊藤博文與李鴻章

在巨大財富和權力之前，親情是不堪一擊的，清朝康熙晚年諸子奪嫡的演出，世上不斷重演。在國家利益之前，個人友誼是一文不值，最佳演出是日本伊藤博文和清朝李鴻章，這兩位年齡相差 18 歲日清大人物，據稱在甲午戰爭之前已認識十多年，書信往還，惺惺相惜。

伊藤博文尊李鴻章為前輩，李鴻章也以天朝大國首腦自居，但到了《馬

關條約》之際，伊藤步步進逼，哪有手下留情。甚至李鴻章身受槍擊，一樣要扶傷上陣，賠了二億兩，一文不減，割了台灣遼東。雖然李鴻章不是最後決策人，但談判桌上，情何以堪，所以李鴻章誓不再踏上東瀛一步，辱之太甚也。但到了 1900 年八國聯軍入北京，日本又是主要派兵國，又辱了一回。

李鴻章 1901 年死了，沒有機會看到伊藤在 1909 年被朝鮮人安重根擊斃。李鴻章總算死得富貴榮華，謚文忠，家財萬貫，而伊藤「考終命」欠佳，只得橫死，李氏泉下有知，見這所謂「知交」如此，也告慰吧！所以不要相信首腦友情。

安倍要和特朗普套交情，不惜表演沙坑打觔斗，換來一句比體操選手更佳的身手，兩天陪食四頓，這就是友誼了。安倍又和普京拉關係，送秋田犬，為的是北方四島，但普京還是「不理不睬」，斷言拒絕。

如今又要和中國套交情，賣力演出，但世間首腦們誰看不出安倍的演出，一向是「熱情有餘，誠意欠奉」，一切都是「工具和手段」呢？有伊藤博文百年前的演出，安倍又可能有何新作為呢？

15）林則徐、嚴復

未返故鄉福州不覺又廿年了，變化之大，夜景之美，遠勝當年，唯一不變是福州人生活悠閒的味道，和廈門泉州大有不同，三坊七巷當然是必遊，因為有林則徐和嚴復兩位福州先賢的遺物在，要景仰一番。

若談林則徐（1785-1850 年）是睜眼看世界的第一人，同期尚有龔定庵（1792-1841），和魏源（1794-1857），那麼學貫東西的第一人應是嚴復。他是首批放棄科舉，考入福建船政學堂，留學英國的成人；此前有幼童留美，中學既未成，西學亦得皮毛，是失敗的經驗，林則徐成為鴉片戰爭的替罪羊時

已 57 歲，充軍伊犁，到復起督滇，督雲貴，都是偏遠大西北，對西方消息，已經太遠，只能留下「豈能盡如人意，但求無愧我心」之句。當然，充軍前以口佔家人句：「苟利國家生死以，豈因禍福避趨之。」名留千古，但筆者更欣賞是林文忠祠中所示的「無益之句」：「心高氣傲，博愛無益；時運不濟，妄求無益，淫惡肆欲，陰騭無益。」

林則徐對子孫看法，更值令人深思：「子孫若如我，留錢有何用，賢而多財，則損其志；子孫不如我，留錢有何用，愚而多財，益增其過。」這不就是「富二代」為人所不齒的原因？歷史上的衙內們的行為，從來都禁不住，不只是《水滸》中的高俅，今日狼爸虎媽都要給子孫最好的教育，五星級的學校環境，只會「益增其過」，佛家講福報，給子孫太多太早，只會令他們福分早盡，晚年不堪，只怨父母對他們太好，反不如讓他們多讀「無用之書」反而有精神境界，文化品味，然乎！

16）楊度與梁啟超

清末民初政論家當以梁啟超名氣最大（1873-1929），其實和他齊名的有楊度（1875-1932），不過兩人都是才氣驚人、執行力欠佳的才子。

兩人在日本留學時代曾是好友，惺惺相惜，梁啟超的《少年中國說》和楊度《湖南少年歌》亦同時風行日本留學生之中。不過楊度是「君主立憲派」，而梁啟超則由「勤王派」轉為「共和派」。楊度要當袁世凱的帝師，成立籌安會，自為理事長，拉了嚴復下水，梁楊乃反目。楊度被袁世凱賜匾「曠代逸才」，梁啟超則評為「下賤無恥」。袁世凱稱帝事敗，楊度乃成為被禍首第一人，袁世凱死前亦稱「楊度誤我」。但楊度及嚴復等逃入租界免禍，一年後被特赦，可見也不見得是大件事，袁世凱自誤而已。

梁啓超因西醫手術失敗而死，得年 57 歲，楊度的輓聯頗諷刺：「事業本尋常，勝固欣然，敗亦可喜；文章久零落，人皆欲殺，我獨憐才。」梁啓超的從政事業確是尋常，甚至失敗，和袁世凱合作，莫名其妙；文章確一流，但產量之大，意見之變化，令人無從讀起。民國中人對他有意見，是當時共知，楊度「憐才」有因。

《楊度傳》作者為楊度一生作了一首詩，頗有意思：「世上心機盡枉然，不如安份且盡緣，旁人若問安心法，餓時加餐睏時眠。」楊度最後入空門，信佛，秘密加入共產黨，死時無人見，最後是周恩來死前才爆料，得年 58 歲，和梁啓超也差不多。兩人都是才氣縱橫，在清末只中舉人，未成進士，可見不長於八股文，但當時只能成「空論家」，遇上大謀略家袁世凱，只得敗走！

17）李叔同的起伏人生

西方人喜歡說人生如翻書，不翻到最後一頁，不知人生是如何。清末民初的李叔同便是最佳例子，出生於光緒 6 年（1880），死於民國 31 年（1942），得年 63 歲。

生於富貴之家，但 5 歲喪父，由兄長啓蒙，18 歲考試未第，19 歲遇上戊戌維新，康有為、梁啓超逃往日本，李叔同與康、梁不相識，但因為刻了一個印章，上鑴「南海康梁是吾師」，因而牽連，要由天津逃往上海避禍，無妄之災。22 歲又遇上八國聯軍的庚子之亂，再次逃往上海，就讀蔡元培主持的南洋公學讀經濟，仍是紈袴子弟，與上海名妓歌妓多人來往，生活就是寫字、畫畫、編詩集、刻印章、詩酒風流。

23 歲再考鄉試，仍不及格。26 歲，東渡日本，將一妻二子留在天津。

27 歲入東京上野美術學校學油畫音樂，放棄了經濟，又與日本模特兒雪子相戀。28 歲在日本演出《茶花女》，扮女角，當然引爭議。32 歲攜雪子返天津，遇上辛亥革命，李家破產，李叔同以教師為職業，33 歲轉到上海教書，與雪子同居。34 歲在浙江一師美術館開啓裸體寫生先河。

怎料到如此一個人，在 39 歲拋妻妾棄子，在禪寺剃度，當了和尚，法名演音，號弘一。40 歲五四運動，但弘一大師已無心紅塵，決心修行淨業，以往生西方。此後 23 年行腳南方各大禪寺，52 歲誓研南山律，成為律宗第 11 代傳人，後半生又遇上日本侵華，寺廟也不安。

63 歲寫下「悲欣交集」四字絕筆，火化有舍利子 1800 粒，由浮華到清修人生起伏之大。修成正果，看下半生做甚麼！

18）章炳麟評青年留四警訊

《讀史論人生》（商務）花了大篇幅討論 120 年來的中國青年，結論是「能破不能立」，但何以每一代都如此，耐人尋味，是文化的問題嗎？

1919 年，五四運動那一年，革命家章炳麟（1864-1936）也討論了這個問題。辛亥革命已過了 8 年，革命青年被五四青年取代了，這兩代青年的毛病何在呢？章炳麟是 50 歲，思想最成熟的年齡，回看這兩批青年，留下四大警訊：

一、把事情看得太容易，辛亥革命是一時僥倖，革命青年一時譽滿天下，但其實未經歷練，真才不易顯出。當時軍事實力實際掌握在袁世凱手上，孫中山不得不讓位。章炳麟和孫中山是同代人，孫中山只比章炳麟大 3 歲，文中章炳麟評孫中山亦有「把事情看得太易」之弊，諸如 10 年建鐵路 20 萬公里，這個目標到 2015 年只達到 12 萬公里，高鐵到 2016 年亦只有 2 萬公

里，是不是太易呢？章炳麟建議，「遇事慎重，決機敏達，抱志堅定，觀察極明」，革命青年的毛病是「一遇困難，立刻退卻」。

二、利用現成勢力，以達目標，當時軍閥有岑春煊、袁世凱就是例子，結果是捧了袁世凱，誤了大局。

三、虛慕文明，當時世上西方追求的是物質文明和人道主義，當道者不肯除惡務盡，而是不肯妄殺一人，所以縱容了那些糟糕的軍閥和殃民官吏，乃造成北洋軍閥的局面。

四、好高騖遠，只求「少有大志」，不求踏實去求學問，無法和二十世紀的世界各國青年競爭，章太炎（章炳麟號太炎）的警訊到 2018 年就是百年了，當代青年又如何？這是當父母們要注意而負起責任，不能靠學校，否則自誤！

19）古代海歸容閎

誰是第一位在美國大學畢業的中國人，已不可考，但 1854 年畢業於耶魯大學的容閎，至今 163 年了。1872 年大清官派 30 名赴美的留學生是幼童，只是去念中學。到 1881 年留學計劃取消，原因之一是，不讀中文，見官不再行跪拜之禮，是大逆不道，那是 136 年前的事了。

如今留學美國的大學生超過 50 萬人，海歸達 40 萬人，回來有何改變，應驚天動地。容閎讀完大學的感受是：「愈無知識，則痛苦愈少。」「快樂和知識，殆天然成一反比例。」可見白話文早已流行，不待 1919 年的五四文化運動。

容閎在咸豐年間，看見的大清亂世，不能不痛苦，而大清的滿族政權只識製造大量文盲，無知識便無痛苦，但沒有思想也要活得下去，所以 1850

年的太平天國誕生了，這一年是辛亥，60 年後的 1911 年才是令大清亡國的
辛亥革命！

太平天國存在了 15 年，而大清則多了一甲子的壽命，容閎活過這一甲
子，首先了解太平天國的不濟，拒絕了洪秀全的封爵，其後投入百日維新，
最後加入革命團隊，還差點被擁立成第一屆大總統，但選擇推舉孫中山，到
辛亥革命的第 2 年 1912 才死去，是見證了這一甲子的變化。

而李鴻章是「三舊」（舊道德，舊文化，舊功名）的集大成人士，亦是和
珅式人士，能在慈禧死前去世是大幸，若是光緒百日維新成功，李鴻章是和
珅翻版，絕不稀奇。但歷史沒有如果，只有過程和結果，李鴻章和容閎是舊
學和洋學兩大代表，容閎曾是李鴻章智囊，如何又棄之，還要研究！

20）蔡元培、梁實秋、林挺生舊事

蔡元培當北大校長已經是 100 年前的事，對百年前的青年的勸告是要有
獅子般充沛的體力，獅子般敏捷的身手，駱駝般刻苦的精神，加上愛好美術
的素養和自愛愛人的美德，那就夠了，那麼當年青年們的狀態是如何呢？

1903 年出生的文學家梁實秋是如此自我描述的：「我素體弱，又不肯用
心體育，清華畢業考試包括體育，其中 100 碼我跑了 20 多秒，400 碼跑了
100 多秒，擲鉛球我偷換了一個較小的球，游泳幾乎淹死，賴友人用竹竿把
我救起，於是游泳要補考，連泳帶爬，喝了不少水，勉強通過，比人遲畢業
一個多月，現在才知體育的重要。」

梁實秋自稱國學無根柢，真正用功讀書是在 30 歲後，梁實秋有幸，娶得
賢妻，「把一生精力、感情、時間，全部生命都貢獻給他」。不過夫人不幸意
外於 1974 仙逝，梁實秋要做孤獨老人凡 13 年，1987 年才去世，也得壽 84 歲。

　　不過，少年不注重體育，到老來「吃力的事情做不來了」。由大陸到台灣，得遇貴人，大同公司董事長林挺生（也是筆者老朋友）提供一日本式房子居住，出莎士比亞譯本，林挺生一口氣購入 2600 本分贈各學校，那是 1968 年的事，當年台灣商人君子之風難再見，林挺生請人翻譯了《論語》的英文、日文和法文本，分贈世界各國朋友，筆者至今仍得益，翻譯得比朱子要簡明。

　　今日青年要明白《論語》中微言大義確要看朱註，但要看得通，林挺生這個翻譯也算簡明有益世人，梁實秋晚年胃病、糖尿病俱發，還好心寬，少年種病如此！

氣運與人物的格局

1）鮮卑融入中華民族的輝煌創造者

史學家陳寅恪在談論唐朝李氏一族時說：「李唐一族之所以崛與蓋取塞外野蠻精悍之血，注入中原文化頹廢之軀，舊染既除，新機重啟，擴大恢張，遂能別創空前之世局。」這個塞外野蠻精悍之血來自鮮卑拓跋族，在南北朝時代，叫做北魏。386 年，北魏道武帝拓跋珪，「用極野蠻的手段，把拓跋部帶入文明，澄清中國北方的亂局，由五胡十六國變成南北朝。但其真正進行漢化，將首都由山西平城，遷往洛陽，實行「一國兩制」卻是 5 歲即位，25 歲才掌權的孝文帝拓跋宏，漢化後改名元宏。到元朝尚有子孫名人元好問。那是公元 490 年。距唐朝開國的 618 年，足足 128 年。而鮮卑的漢化在唐朝繼續了近 300 年，才告完成，其中還經經過過武則天掌政的 29 年，由武則天和李治為天皇天后。共攝國政時武則天已 52 歲，再到 67 歲變成周武則天，81 歲還政李氏，共 29 年。但談起女主當政，鮮卑漢化，則不能不提及，比武則天早 211 年的北魏文明太后馮氏。

北魏馮太后執政

馮氏至今連名都無人知，但 14 歲當皇后，23 歲當太后，29 歲當太皇太

后，培養了孝文帝這位非嫡親的孫子，進行漢化，功莫大焉。但古代男性社會視為擅權，這位執政也是 29 年的女主，是被歷史所忽略了。鮮卑族的政權為了怕女主擅權，嚴格執行「子貴母死」制度，兒子當上太子，母親立刻處死，無情可講，因為馮氏無子，所以不必死，當太后時，皇帝獻文帝非親生子，而孝文帝是獻文帝之子，所以非親孫是必然的。獻文帝 14 歲當皇帝，孝文帝 5 歲當皇帝，所以馮氏可以臨朝執政，不是偶然，當然心狠手辣是必然的。

馮氏是罪臣馮朗之女，是後燕漢族。後燕天王馮弘是十六國中的漢族執政，馮朗有說是馮弘之子，叛燕投北魏，官至雍州刺史，因罪被殺，馮氏入宮居然變成太子妃，再成貴人，封后，亦是一傳奇！與武則天當唐太宗才人，再成尼姑，再變李治妃，封后，一般的傳奇。唐人不重倫理，唐玄宗娶太子妃楊玉環，只是眾多例子之一，亦是鮮卑舊俗而已。孝文帝在鮮卑文化環境下，居然成為通經史、明佛理、重儒術之人，要知山東曲阜已是在北魏國境內，孝文帝即位第二年，才 6 歲，已發《尊孔詔》，崇儒術，任孔子第 28 代後人孔乘為崇智大夫，實際發令人，當然是馮氏。

北魏滅後燕，將後燕所藏圖書，全部運歸平城，另一個被滅的北涼，亦是漢人社會。永嘉亂後，士人北遷，亦是文化大國。北魏滅北涼，將士人全部遷任平城，並任官。而北方世家大族，清河崔氏、范陽盧氏、太原郭氏、河東柳氏，加上隴西李氏（李唐家族來於此），是北魏的鮮卑漢人共治的支柱，所以孝文帝有足夠的環境，拜師學藝，飽讀詩書。兼且當了馮氏傀儡 20 年，空間時間極多。而馮氏的漢族祖母，當然希望承繼人進行漢化，但鮮卑族人的反對，亦可以想像。北魏朝政在馮氏手中 25 年，勢力盤根錯節。孝文帝到太和十四年（490 年）才等到馮氏之死，乃厚葬於永固陵，謚文明太皇太后，25 歲才開始將北魏改造成一個漢化的帝國，最後目標當然是統

一全國。

在馮氏經營 25 年後，北魏已是一個「上下協調，運轉得力」的政府。而輩份高的宗室親王和守舊的鮮卑貴族早已被馮氏翦除。只要將馮氏的寵臣應付好，一切大吉，況且朝中漢族大臣大部分是支持漢化，而遷都洛陽乃成漢化第一件大事，此時國際形勢，東方高麗，西方吐谷渾已經臣服，北方的柔然亦多年未有戰爭，南朝的齊國亦友好往來，由山西平城（今大同）遷往「九鼎舊所」的洛陽，不會引來侵略。只是鮮卑舊貴族已在平城百年，一旦搬家，除了水土不服，還影響平城的家產地價，自然有人反對。

孝文帝漢化改革

孝文帝乃在太和十七年（492 年）宣布南征齊朝，舉兵南下，名為出征，實則遷都，「成大功者不謀於眾」，在同年 27 歲的孝文帝卻幸運地得到「北奔南士」的王肅，這年王肅才 30 歲，這有如劉備得諸葛亮，卻不必三顧草蘆。王肅乃東晉王導的後人，但父親王奐卻因黨爭被齊武帝滿門抄斬，王肅隻身逃脫。王肅是東晉第一高門子弟，是經學大師，是托古改制最佳人選，兩位年輕力壯的君臣，一拍即合。

孝文帝用了三年時間，在太和十九年九月，文武百官六宮妃嬪全部抵達洛陽，完成遷都壯舉。河西走廊開闢為牧場，而漢化改革隨之，可以歸納為三點，一，統一服裝和語言：禁胡服、仿南朝改制、禁鮮卑拓跋語，改洛陽話為正音，不過可以「一國兩制」，三十歲以下即改，三十歲以上稍緩。二，改官制，修訂「職員令」，王肅負責將南朝官制摻入「職員令」，去了拓跋成份，分一至三品，有三師三公制，連女官也有品階。鮮卑族由母系社會轉至男系社會才不久，亦由此可見。三，改變鮮卑人姓氏和籍貫。首先籍貫以祖墳所在地為準，亦即南遷鮮卑人從此改為洛陽人，在太和十九年（495

年）更改複姓為單姓。首先皇室由拓跋改為元氏，鮮卑人 118 個姓氏被改，最高十個姓氏分別是元、胡、周、長孫、奚、伊、丘、亥、叔孫、車。宗室以外最高門第有勳臣八姓，分別是穆、陸、賀、劉、樓、于、稽、尉。這鮮卑十八姓，加上宇文、竇、源。於是和漢族世家的崔、盧、鄭、王、李、韋、裴、柳、薛、楊、杜平等了。鮮卑族雖然是統治階級，但漢族世家以鮮卑為蠻族，一直是看不起的。但從此互相通婚，孝文帝領頭，將漢族清河崔宗伯、范陽盧敏、榮陽鄭義，太原王琼，隴西李沖各家女兒納為妃嬪，還將自己的姊妹女兒下嫁給漢族世家，打破了世家通婚要「門當戶對」的習俗。

　　孝文帝此舉，成功打破了世家的隔閡，但只擴大了門閥制度和鞏固了門閥，用人只用世家，是「血統論」的弊病，治理天下而只用門第，出身低的卓越人士進身無門。北魏分東西，證明沒有永續不敗的制度。初時是好的，到後來就不怎樣了，連廿一世紀的民主制度，亦被財權所控制，這是歷史常識！

　　孝文帝天不假年，為了伐齊，親自出征，染病而回，後宮又有大馮皇后通姦之變，在太和二十三年（499）年，才 33 歲就死了，留下顧命大臣六人，元詳、王肅、元嘉、宋弁、元禧、元澄，四位王室，兩位士族，協助 17 歲的太子元恪執政，是為宣武帝。孝文帝雖英年早逝，但漢化革命得以繼續。四位宗室已經漢化，而中原世家，當然支持。不幸王肅被宗室排擠，離開中樞，不久（501 年）染病而死，得年 38，只比孝文帝長命兩年。不過王家兄弟子姪王秉、王衍、王翊，紛紛北上投魏，全都是「神氣清俊，風流有才」，任清要之職，成為北魏良臣，南朝齊國，不得人心至此！到北魏末年，全國有 500 萬戶，人口 3000 萬，西晉全盛的太康年間，亦不過 1500 萬，國勢之強，是文治之功！

　　北方士族經歷了五胡十六國南北朝這長時間的驚濤駭浪，卒之能慢慢見

岸，苦撐到底，中國文化傳統，亦賴這些門第扶養保護而得重生。北方士族
的境遇，比遷逃到南方的士族，遠為偉大，而所盡的責任，亦遠比南方士族
偉大。而士族能持盈保泰達 300 年，只因當時極重「家教門風，孝弟婦德」，
皆從兩漢儒學傳來。北方士族能同化胡族，南方士族「宏擴斯文」，今日要
復興中國文化，非從兩漢儒學開始不可。

　　孝文帝除了儒學，亦通佛學，在平城留下雲崗石窟，而其子宣武帝則在
洛陽完成龍門石窟。而孝文帝文昭皇后的形象亦留在龍門石窟。這些世界遺
產，在遊人瞻仰之時，不禁令人想起鮮卑部族融入華夏民族之功。北魏亡到
唐興，不過 84 年，隴西李氏崛起，成立唐朝，而李氏皇朝的母親獨孤氏、
竇氏、長孫氏，都是鮮卑族。文章開始陳寅恪的觀察，是完全對的。如今又
到「別創空前之世局」的時節，大家努力吧！

論中國歷史上的人物輩出（上）

　　歷史規律證明，時代變革需要並造就一些人物，但如《易經》顯示，變
革有陰陽，有正負，歷史變動，可正可負，可以進步，可以退步，是由多種
力量的對抗而形成的。歷史可以創造傑出人物，領導堅強明智，戰略清晰，
無暇的執行三者並行，乃做成時代的進步，但其間亦必有反動力量，成為傑
出人物的對立面，在古代稱之為奸佞人物，而兩種人物出現，大多在皇帝在
位較長，有絕對權力，才會發生，秦始皇在位 37 年，出現了李斯和趙高，
結果趙高勝，李斯不夠傑出。漢武帝在位 55 年，出現了司馬遷、董仲舒這
兩位傑出文人，影響後世。衛青、霍去病打走匈奴、張騫出西域，影響到廿
一世紀的「一帶一路」，但漢武帝並不是真有甚麼本領的人（呂思勉評語），
一生行事，全憑一時感情衝動，並無深謀遠慮，死前還要「輪台罪己」，逼
死戾太子，有子多人，偏傳僅得八歲的弗陵，由霍光輔政。武帝在時，內行

奢侈，外事四夷，實已民不堪命，霍光執政，輕徭薄賦，與民休息，也算一號人物，不過霍光執政方式，是自領尚書，宰相則用年老無氣和自己私人，宰相之權，移於尚書，尚書是皇帝的文書管家而已，到漢宣帝作為戾太子的子，流落民間，被捧回執政，霍光死後，盡誅霍氏家族，但並未矯正宰相尚書關係，最後宦官當權，西漢滅亡，相權喪失，亦原因之一。霍光這號人物，是傑出還是奸佞，史無定案，人物正邪，重要是宅心如何，宅心不正，一切枉然，霍光被評「不學無術」，不知何謂改革大計（呂思勉語），大人物亦如此。不過西漢昭帝和宣帝的 38 年間，政治是比武帝時代清明。

　　公元 9 年，王莽建立新朝，這是紀元後的大事，亦是大改革的開始。王莽原罪是外戚王家自公元前 32 年已經大權在握，到王莽篡漢已經 40 年了，王莽順應潮流，出來改革，西漢已到非改革不可的時代，王莽要改革就要取得政權，取代前朝，在當時是順天應人之舉，但後世皇朝，最怕篡奪，所以王莽、曹操非成為反面人物不可。王莽改革失敗，平均地權和節制資本兩事本良法美意，但弊在民眾未有相當覺悟，亦未能配合行動，改革單憑上者操刀是歷史證明不成的，因為真正能為國為民的官僚屬少數，而大多數官僚的利害總是和人民相反的。中國之大，中央政令難以監督，對於法令，普通官吏，一是不了解，二是作弊機會多，所以推行不易，監督很難。王莽建新朝已經是 54 歲的老皇帝，弊病是拘泥理論，向來形式整齊，偏重立法，而無精神監督執法，所以有關實際的法令，無一真正執行，而流弊無一不有，所以新朝能支撐 15 年，確是一個奇蹟，王莽到死已 68 歲，也不算夭折了，但王莽改革失敗，政治家眼光從此一變，社會改革被視為人力不可以控制之物，只能任其遷徙改變，「治天下不如安天下，安天下不如與天下安」成為政治上的金科玉律，中國歷史上一個大轉變乃新朝讀史者不可不知，王莽亦確是一個人物，不管正負！

　　漢光武中興，天下大亂十五年，天下只能休養生息，光武帝是一個實際的人物，進行減官省事，退功臣，進文吏，專制政治的三昧，「嚴以察吏，寬以馭民」，雖然有時失之過嚴，但在位 34 年，政治頗為清明，但卻出不了甚麼傑出人物，記憶中也有王陽明最崇拜的伏波將軍馬援，62 歲還替光武出師征五溪蠻，結果染病而死，馬革裹屍，但死後被光武女婿所誣，被奪新息侯之印綬，直到漢章帝才平反，追謚忠成，亦光武的嚴厲和偏聽的毛病，馬援之女還是漢明帝的皇后，漢明帝不為外父平反，不知避忌甚麼，所以一死漢章帝立即為外祖父平反也是對的！

　　由董卓扶出來的漢獻帝在位 32 年，其中最著名是建安二十五年，他恐怕是歷史上最窩囊的皇帝，「挾天子以令諸侯」聞名史冊，亦廣在民間，遇上董卓和曹操是他的大不幸，挾了別人可能出生天，他先遇一個狠，再遇一個智的人物，也只能無奈獻上帝權，漢末朝廷氣勢已盡，但人物未衰，建安七子，曹氏三祖，文名滿天下，桃園三結義，關羽是中國文化的忠義代表人物，諸葛亮〈出師表〉，鬼神泣壯烈，五虎將名聞當世，各類人物層出不窮，寒門出貴子，法家精神，三大智者的故事在《讀三國、論管理》（商務）中已談得多，就不多贅了。

　　中華土地由三國進入亂世三百六十年後，才由隋文帝一統天下，但此前有遠大政治理想的有北魏孝文帝是全盤漢化，到北周蘇綽、盧辯等人物出現，為中國全盛時期之再臨奠基，讀史者不可不知。隋文帝沒有開國理想和規模，只重吏治，若蘇綽、文中子王通尚在世，為他謀策，歷史會改寫，但隋文帝在位 24 年，到末年，「天下儲積，足供王六十年」之用，反而培養出隋煬帝楊廣這位誇大狂人物，楊廣在未得位時「沉深嚴重，時稱仁孝」，愛好南方文學，以文學自負，設科舉進士，鑿運河，建迷宮，三征高麗，不恤民隱，走上秦始皇的覆轍，沒有他超凡的消費能力，隋朝國力不可能十四年

而亡，隋煬帝 36 歲盛年而皇，50 歲死，由隋大業七年至唐貞觀二年，前後 18 年，羣雄紛起者至 130 餘人，擁眾十五萬以上者，多至五十餘，所有隋文帝所建立的豐裕都被破壞，民間殘破至極，沒有李世民的貞觀之治，撥亂反正不得，唐太宗在位 23 年，自己本身是大人物，而手下賢臣，如王珪、房玄齡、杜如晦、溫彥博、李靖、魏徵，都是一代人物，一朝君臣，不敢驕縱荒佚，乃成治世。魏徵名言：「隋以富強動之而危，我以寡弱靜之而安」，中華文化的「安」為務，最怕經營不急之務，如一太平就要封禪，貞觀六年就有羣臣請封禪，魏徵諫而止，魏徵確是人物。

　　貞觀之盛，一在設科舉公開政權、全民可參與政府，二是重教育、設國學，增創學舍一千二百間，授以經業，連海外的高麗、百濟、新羅、高昌、吐蕃諸國，都派子弟入國學，國學之內，學生八千餘人，其盛近古所未有，可惜到武則天時代，政教漸衰，薄於儒術，到武則天稱帝，以權臨下，不吝官爵，取悅當時，學生不再以經學為意，學校頓廢，種下唐朝衰落的種子。武則天是歷史唯一女主，當然是一位人物，但宅心不正，只為維持自己的權勢地位，而不顧大局的政治家，除了授官取悅下屬，還用酷吏嚴刑，遂出不了人物。而到孫兒唐玄宗，在位 44 年，只好了前半生，中年過後就倦勤怠政，重用李林甫凡 20 年，培養出安祿山這種破壞力極強的人物，李林甫奸佞，楊國忠自戀而識走位，引發「安史之亂」。歷史一再證明，一兩個在要位的人「宅心不正」，可以令興盛的國家走向中衰，可不慎乎。唐朝由武后放恣奢華，唐玄宗肆意開邊，溺於晏安，本來可以革新的大有為政府，變成死症，激起安史之亂，安史亂後，又外有藩鎮割據，內有太監當權，八個皇帝，七個是太監擁立，沒有擁立的敬宗，則為太監所弒，漢獻帝尚算「受制強臣」，而唐代皇帝「受制家奴」，宰相隔在外廷，皇子則素無威寵，太監橫行無忌有原因。

　　安史之亂後，唐朝進入衰世 150 年，加上五代十國 54 年，中華土地衰落 200 年才再起，這二百年間，知識分子雖然也出現杜甫和韓愈等文豪，但在政治上毫無影響力，沒法挽回唐朝的衰世，知識分子也出現了如李德裕這種改革人物，但亦是無疾而終，很不幸，這段時空最知名是落第舉人的黃巢，當上流寇，殺人八百萬有點嚇人，但王仙芝、黃巢、秦宗權為禍人間共十六年，唐朝終於覆亡，唐朝的弊病，在無民族觀念，武人代表不愛教育，不講道理的一羣，王室奢淫，一直到五代十六國而來止，五代八姓十三君中，三位是胡人，一位是流寇，一位是募兵，北方中國，已到最不像樣的時代，節義廉恥已蕩然無存，最出名的人物居然是事五朝八姓十一君的馮道，被當時尊為長者，死年七十三，談者譽為與孔子同壽，而當時最有權力的人物，則是遼國皇帝耶律德光，馮道對耶律德光說：「此時百姓，佛出救不得，惟皇帝救得。」一言免中國人於夷滅，世運之不濟至此，幾百年後，耶律的子孫耶律楚材向元朝皇帝進諫，不能殺中國人，亦是耶律一族對中國人的功績，遼國的治比南方更上軌道：「法令簡易，科役不煩」，使得東北民眾絕了南顧之念，到南方的宋朝再起，那些隔絕淪陷在東北的中華民眾，早已忘卻他們的祖國，幾百年後，遼東半島差一點又被清朝割了給日本，真是險啊！還好歷史沒有重演。

論中國歷史上的人物輩出（下）

　　漢末紛亂四百年，中華文化仍有活力，隋唐盛世再起，興旺三百年，又入五代十六國的不像樣的衰世，五十年北宋又崛起了，重華夷之別，去奢淫。重文學教育，要人讀書明理，開國八十年而人才輩出，創出宋明理學，統治了中國文化六百年之久，國勢雖然不強，但文化卻到達頂峰，秀才教教主范仲淹出現了，唐宋八大家的宋六家都在宋仁宗當政的 40 年間出現了，

王安石這改革家和司馬光這史學家亦在宋神宗當政時大發異彩，可惜宋朝理學是一個不具備競爭力的文化，講究心性而處事粗疏，律己律人過於嚴格，而排斥有才能的人，意氣過甚，而流於黨爭，黨爭一起，出現「好名好利，多方掩飾」的偽君子，和不恤決裂的真小人，此輩一出，是非混淆無從辨別，現代黨爭，亦流於此弊。到宋徽宗一朝出現蔡京之流的六賊，北宋遂亡。當然唐朝奢淫的現象，亦在宋徽宗一朝完全出現，但金朝無力跨過長江天險，乃有南宋再起，岳飛雖然被殺，秦檜就算再奸，大金亦無力南進，南宋亦未因此而亡，宋高宗還在南方當江南國主凡 32 年，再加 25 年的太上皇，享盡人間清福，「身後之名誰管得」，反正死貓由秦檜全食了，南宋苟延殘喘，仍有朱熹完善了宋朝理學，文化未衰，南宋到亡仍有文天祥等氣節之士，《正氣歌》永垂不朽，青年必讀。亦有氣節之長存！

　　蒙古人自成吉思汗崛起，到忽必烈滅南宋，經三代人，共 112 年，是征服歐亞最困難的一處，入主中國後，只有忽必烈 35 年，末帝天順帝 36 年，其他九帝共 39 年，平均每人不過 4 年，又不識漢文，統治只憑蒙古人和色目人，忽必烈的 35 年間，無歲不用兵，元順帝又是荒淫愚昧，中國人無啖好食可知，人心雖不服，亦不得不隱忍以待時，宋朝最大功業是培養了民族主義意識，宋末知識分子鄭所南的詩：「舉世無人識，終年獨自行，海中擎日出，天外喚風生」，民族主義光芒萬丈，文官投降了，武官解甲了，但革命種子留在江湖豪俠的社會中，元順帝末年，羣雄並起，朱元璋率領徐達、常遇春等，討胡檄文：「天道還好，中國有必伸之理，人心效類，匹夫無不報之仇。」明太祖自然是一代人物，但晚年「宅心不正」，殺功臣，廢宰相，封諸子，設錦衣衛，全部都有後遺症，直接引致靖難之變，朝無重臣，到後代大權又入太監之手，但太監也不是全是壞的，早期出了鄭和，七下西洋，成不世之功，影響今日有「一帶一路」，雖然考古學家在上世紀八十年代在

陝西涇陽縣楊村發現一塊神道碑，早在唐德宗時代已有外交使節楊良瑤下西洋，到中東黑衣大食國（今日伊拉克），早鄭和 620 年，以唐朝外交之盛，萬國來朝，出使大食國並不出奇。其後又出了戚繼光和鄭芝龍、鄭成功這些海上大豪，明代放棄下西洋的戰略，亦放棄通西域的壯舉，進行鎖國，中國失去了和西方文明接觸的機遇，是歷史的遺憾。明朝進入十六世紀，連續出了三個昏君，正德 16 年，頑童年代，荒淫無比，嘉靖 45 年，嚴而不明，昏憒好殺，出了嚴嵩，萬曆 48 年，貪而荒怠，明朝怎能不亡？還好出了王陽明如此人物，創下心學，知行合一，一反宋儒學說的無競爭性，另一方面，萬曆初期還是少年時代，大政歸張居正，從事改革，十年有成，才去掉正德和嘉靖的禍害，但畢竟明朝下降的勢力，士大夫只知「平時袖手談心性，臨危一死報君王」，最後連一死都免了，李自成入北京，文臣全部投降，吳三桂「沖冠一怒為紅顏」，滿清冷手執個熱煎堆，以數十萬之眾，取六千萬的明朝，證明歷史現象中：「兩國國力的強弱，不是以其所有的人力物力多少而定，而是看其能利用於競爭的共有多少而定。」（呂思勉語）明朝所恃的抗滿清的力量，恰是腐化分子的一部份，崇禎不敢遷都退守南京，改寫歷史，滿清開國人物是多爾袞，成功利用漢奸洪承疇、吳三桂。但自己亦死於非命，滿洲人亦未為他平反。孝莊太后這位奇女士，擁立順治、康熙兩朝，野史中和多爾袞的「侍敵為夫」的關係，並非無可能。康熙在位 61 年，是歷史上最長，乾隆亦在位 60 年，加上太上皇 4 年，實際管治年數更長，不過事實證明，兩人到晚年都昏庸了，吏治大壞，康熙是諸子爭位更爭權，各有黨派，吏治要良臣，但「清官多酷，好官多庸，能官多專，德官多懦」，從奸臣來看，「貪官多才，疲官多懶，奸官多滑，庸官多拖」，看不清這兩派人手，吏治必壞。康熙一生，對漢族官員，仍是不敢重用，張廷玉大用亦要到雍正一朝。乾隆到晚年，則重用滿洲人和珅，不講學歷，不講年資，和珅

未到三十歲就被起用，雄霸二十年，到被嘉慶處死，才 49 歲。康熙乾隆的 120 年間，並未出甚麼人物，反而到衰世道光朝出了林則徐，成為第一個放眼看世界的大官，但中國在此時已遠遠落後於世界，於是發生了鴉片戰爭。文化上，中國亦到了學絕道喪的階段，沒有甚麼可以拿得出手，1842 年的「南京條約」遂成為中國衰落的元年，到中國改革開放的 1978 年，共 136 年，若從南懷瑾推算的轉運年 1987，則是 145 年，比諸唐朝轉運 400 年和北宋轉運 200 年，也不算太長了。中國文化的力量，不可忽視，若從呂思勉的文化分段注，第一期是先秦兩漢的諸子之學（公元前 770 至 220），第二期是魏晉南北朝隋唐的玄學和佛學（220 - 960），第三期以宋元明時代的理學（960 — 1644），第一期是正，近千年，第二期是反，740 年，第三期是合，近七百年。到了清朝，滿族刻意壓制知識分子，大舉文字獄，明末遺老再努力，也不過是留下二百多年後的革命種子，清朝只有考據學流行，清代一人的曾國藩亦只留下「家書」，在文化創新上交了白卷。總之，由 1838 年林則徐南下廣東查案，到 1860 年，清朝與西方各國訂立「北京條約」的 24 年間，簽下多條不平等條約，西方人得以五口通商，到中國內地通商、遊歷、傳教，當然包括西方科學和文化思想的傳播，這 180 年間，由洋務運動，到五四運動，要全盤西化，儒家經典是最大罪人，41 歲的康有為和 25 歲的梁啓超助 28 歲的光緒推出「戊戌政變」，103 日間推出新法 110 條，結果是一敗塗地，到 2018 年剛好是兩個甲子，這 120 年間，西方各方面的知識傳入，物理化學經濟社會西方哲學，中國文化只止於中文歷史兩科而已，而歷史一科更愈來愈少人讀，民國時代的文化人物，由嚴復譯《天演論》，到康有為、章太炎、胡適之、梁啓超，莫不有其大名，錢穆認為康、章、胡皆「時代人物」，與時代同時消失，梁啓超則可列入傳統學術人物，而並非只是「時代人物」，這個評價至今又 50 年了，能在中國大陸站得住腳，亦只有馬克斯思想，這

個至今 200 年的理論，馬克斯主義亦進行中國化了，佛教中國化用了 800 年。1978 年 5 月，中國推出「實踐是檢驗真理的唯一標準」，這是馬克斯在 1845 年說的，從此，伴同「摸着石頭過河」，「黑貓白貓，抓到老鼠是好貓」，「解放思想」，「實事求是」等理論，在中華土地上萌芽發展。從西力東侵以後，中國人所面對的是一個亙古未見的局面，決非任何舊方法所能對付，自 1840 年鴉片戰爭後的一百多年間，中國人引入新方法，學德學英學法學日學美，政治上引入憲政，多黨制，以黨爭為最高境界，都以失敗告終，民國初年的軍閥割據，南北相爭，使中國再次陷入「不像樣」的境界，2018 年是戊戌政變 120 年，2019 年是五四運動 100 年，今日回顧，中國確有變的必要，但領導的人物均不得其人，在歷史上亦只能是「時代人物」，隨時代而去。中國問題是上有官僚軍閥買辦，下有土豪劣紳幫會，這些黑暗腐敗勢力，在清朝終結後，轉見抬頭，而新力量無法加以統制，內政愈亂，外侵愈盛，乃有日本侵華，侵略問題，至今未解，舊社會問題，一九四九年以國共內戰，蔣介石退守台灣，毛澤東領導中國人「站起來」，消滅了所有舊黑暗勢力，到鄧小平一九七八年帶領中國人「富起來」，這六十年間，多少科學家隱姓埋名，努力苦幹，中國才成為擁核國，否則還在伊朗、朝鮮階段，談甚麼「強起來」？西方科學不可忽視，西方科技更可吸收，單憑中國傳統文化，未必可以「強起來」，但忽視傳統文化，更無作為，所以弘揚中華文化優秀的部分，事在必為，所以習大大在 2018 年六月上合青島之會，在孔孟之鄉，再次總結：「大道之行也，天下為公。」「協和萬邦，和衷共濟，四海一家」，「和而不同」，「和合精神」，「天人合一」，「天下興亡，匹夫有責」，「大一統」觀念，鼓勵「人類生命共同體」，這個在移動互聯網時代出生的新事物，當然，這不是西方 G7 政治家們所能接受，但在非 G7 世界，被接受的可能性大增。

2）曾國藩望塵莫及王陽明

錢穆在《學籥》一書中，論明清兩朝人物，將明代王陽明和清代曾國藩比較，結論是「曾氏在當時政治上的影響力，遠較陽明為大，而論學術思想，則視陽明望塵莫及」。錢穆教學生做學問，短短兩句就足以花幾天工夫來研究，要了解這兩位明清時代的一流人物，其事功學術如何達到高峰，時代背景如何，亦足以令人有所教訓，不妨將結果撮要如下：

一、生活時代：

王陽明（1472-1528），56 歲，是早曾國藩 330 年的人物，生於明代中葉的成化明憲宗朝，歷經明孝宗弘治朝的十八年和正德十六年，死於嘉靖六年，父親是成化十七年狀元，11 歲就隨父入京生活，15 歲就精於騎射。有學馬援這位伏波將軍之心，21 歲中舉人，精研兵家秘笈，是文武雙全之人，28 歲中進士二甲，歷史上沒有狀元之子也中狀元，這是運氣不是稟賦，二甲已不錯，初任是兵部武選司主事，不走翰林院這條路。

曾國藩（1811-1872）61 歲，耕讀之家，前世 600 年沒有人中過秀才，傳是曾子後代，怕亦是附會，反正中落了，父親曾麟書 43 歲才中秀才，不第多次，開了私塾，順便教子。曾國藩有寫八股文天分，23 歲中秀才，24 歲舉人，28 歲進士，那是道光年間，曹振鏞當首輔，瑣鄙無能，為官以圓滑彌縫，不負責任，人才消磨，曾國藩才異軍突起，曾國藩考上 38 名進士，入翰林庶吉士，畢業得檢討之職，只是七品官，無甚作為。

二、當官和讀書：

明朝學者重講學，王陽明 34 歲就開始講學授徒，但生涯最差時光是 35 歲的正德六年，太監劉瑾用事，王陽明為救言官，上書得罪劉瑾，結果判廷

杖 40，下獄，再貶在蠻夷之地的貴州龍場驛，當不入流的驛丞，負責管理 23 匹馬，還受劉瑾的爪牙逼害。劉瑾當道期間，只能修身靜坐，乃有 36 歲的「龍場悟道」，了解到「聖人之道，吾性自足」，「求理於吾心」，推翻朱熹的「格物以窮理」，發展出「陽明學說」的第一步。劉瑾事敗，王陽明復出當廬陵知縣七品官，已經 38 歲，慢慢升遷至南京刑部主事，45 歲任御史，巡撫南贛，升副都御史，事業高潮在 48 歲那年，35 天內平寧王造反，那是正德十四年，28 歲的正德皇要當大將軍親征，未到亂已平，大失其望，所以王陽明無功有過，被正德手下太監誣為寧王同黨，還好正德過兩年落水生病而死。嘉靖上位，王陽明任南京兵部尚書，封新建伯，王陽明從此甚有興趣聚徒講學，但廣西又發生傜亂，王陽明又要平亂，這些戰績都不算甚麼，因為王陽明此時已創下「知行合一」之學說，主張「去其心之不正，以求其體之正」。51 至 55 歲這段講學期間，「天泉證道」，「致良知」，「無喜無惡，有善有惡，知善知惡，為善去惡」，對明清學說，影響極大。

　　曾國藩，28 歲中進士後，入翰林院，28 至 32 歲無甚作為，只任七品，終日「應酬之繁，日不暇給」，32 歲才真正開始讀《漢書》，修程朱之學，最重要是搭上曹振鏞的接班人滿洲人穆彰阿。1842 年，正是鴉片戰爭，《南京條約》，割讓香港，五口通商這一年，穆彰阿是主和派；曾國藩搭上這個座師，1843 年至 1849 年官符似火，由七品翰林院檢討，侍讀學士，文潤閣直閣事，禮部侍郎，禮部右侍郎，一直到二品大員，但官運到道光死前為止。咸豐一上台，恩師穆彰阿被貶，清朝照例一換主子，前朝大官無好收場，日後和珅亦如此，穆彰阿在位 20 年，「亦愛才，亦不大貪，惟性巧佞，以欺罔蒙蔽為務」。結果曹振鏞謚文正，穆彰阿革職，永不敘用，咸豐朝，曾國藩朝中無人不好做官，咸豐忽冷忽熱，忽信忽疑，曾國藩以兩江總督征戰太平軍，受盡冤屈氣，屢敗屢戰，13 年工夫，破太平軍，為一生功業所在，

咸豐若不死，恐怕連「一等武毅侯」都封不上。這時候，慈禧已政變成功，曾國藩亦只止步直隸總督，從一品，由二品到一品，花了一生心血，但不得軍機，始終是局外人。但在學業方面，當京官 13 年（道光二十至咸豐二年），是應酬多，不能專意讀書，征戰太平軍又十三年（咸豐二年至同治三年），戎馬半生，正是二十六年，由宦海紛綸到戎馬倥傯。曾國藩證明，讀書不一定要有特殊安定的環境，只要有恆心，有時間管理，一樣可以在學術上建立卓絕的成就，此處要了解人物的性格，曾氏性格所長，在雄直倔強，性格所短，恬憺閒適，所以曾國藩詩文是走韓愈、王安石的路子，但又要學陶淵明，以洗滌「名利爭勝之心」，兩者調和，乃得好果，但曾國藩以「家書」，《聖哲畫像記》名世，對自己個人人格和事業上都取得極大影響，但對晚清學術影響，卻嫌不夠。當然曾氏只得 61 歲，中年才做學問，又花了 13 年打仗，是不足以在學術上出大成果。曾氏幕客雖多，但以功業為主，未能得曾氏論學的淵旨。錢穆評之曰：「切實處多，高明處少」，曾氏家書家訓，是一個賢父兄教訓其家人子弟，「而究異乎一代大師之暮鼓晨鐘，發揚大道」。這和王陽明能發明「致良知」、「知行合一」，知者天道，行者人道，而達到「天人合一」，相差極遠。王陽明講學極盛，弟子眾多，明朝講學之風極盛，而到清朝，滿族高壓之下，學者只能作考據，講學之風已成絕響。曾氏傳人亦只吳摯甫、張濂卿稍有成就，反而曾氏推行洋務運動，幼童出國，也算留下一些學術種子，不算交了白卷。

三、後世影響：

陽明學別開朱熹「格物致知」理學的蹊徑，在明代中葉後，商品經濟發達，社會生活安定，思想多元化，讀書做官不是唯一出路，「愚夫愚婦皆可為聖人」，風行一時，但到極處弊端是人人不必讀書，「平日袖手談心性，

臨危一死報君王」，到時不肯死，又變了漢奸。到清朝壓制思想多元，又以程朱王學為主，直至清末又盛行了。除了在國內，陽明學又於十七世紀傳入日本，中江藤樹（1608-1648）和熊澤蕃山大力宣揚，到了明治維新，更是信徒眾多，伊藤博文、福澤諭吉等風雲人物都歸此類。打破江戶時代的朱子學，當然也有明末遺民朱舜水，東渡日本，朱舜水乃王陽明同鄉，推行王陽明的「知行合一」，理所當然，但「致良知」卻未在日本開花結果，殊為可惜。到民國期間，蔣介石在黃埔軍校推行《曾胡兵法》，曾胡就是曾國藩和胡林翼，但兵法是胡林翼勝於曾國藩，曾國藩家書亦盛行一時，至於蔣介石兵敗退到台灣，卻又推崇陽明學，連台北市草山也改名陽明山，可見王陽明的影響，至於台灣「去中國化」，何日陽明山又改回草山，未可逆料，至於王陽明的《傳習錄》，是錢穆推薦的必讀的哲學書籍，曾國藩則無此幸運了。

四、結語：

　　要考量每一位人物，大概要看他們的人格是否轉移風氣？氣魄是否足以支持難局？眼光是否足以擔當大任？威望能否籠罩大局？這四點，讀者們可自作判斷，王陽明（56 歲）和曾國藩都不算高壽，在他們時代都有影響力，王陽明較幸運生於明朝中葉，死時距離朝亡國還有 116 年。而曾國藩死時到清亡只有 39 年了，明代中葉天下未亂，陽明學的「致良知」，注重個性發展，是中國社會現代化佔統治地位的意識形態，旁及日本，曾國藩成就只在詩文和家書，清末人心已亂，曾國藩無法移風易俗。即使在修身處世，開拓創業的影響，亦是《傳習錄》勝於《曾國藩家書》。王陽明為人狂放豪邁，主張「超狂入聖」，要成聖先要成為狂者，然後才能悟道而入聖。曾國藩則是保守之人，書齋也要「求闕齋」，晚年更憂讒畏譏，和「成聖」相距較遠，洋務更是重器物而不重制度，是以改革落後日本太多，明亡而民族未衰，清未亡而民

氣已敗，所以清興才 40 年，社會進入康熙初已復興了。而清亡要到改革開放的 1978 年已經過了一甲子，到復興已過百年，王陽明文事武功，是儒學第一流人物，明代在廣隆定論，贈新建侯，謚文成，世襲伯爵，從詔文廟。曾國藩則在生前因功贈一等勇毅侯，謚文正，追贈太傅。但入不了清廷核心，對清末大局，也就無能為力了！

3) 由古代人物看愛國愛民族

元世祖忽必烈問羣臣：「南北宰相數誰最賢？」答案是：「北人無如耶律楚材，南人無如文天祥。」中國人讀歷史，無人不知南宋末代宰相文天祥，但知道元朝成吉思汗朝和窩闊台朝的耶律楚材，就寥寥無幾了，耶律楚律看名字就不是蒙古人，而是契丹人，還是遼太祖耶律阿保機的九世孫，但遼亡於金，到耶律楚材出生（1190 至 1244），已經是金章宗明昌元年，金滅遼已經 67 年，耶律楚材之父耶律履已當上金朝右丞，去金亡於蒙古大軍（1234 年），也只有 44 年而已。契丹貴族在亡國後可以為女真人工作至宰相，到蒙古人滅金，耶律楚材為成吉思汗工作也就順理成章，耶律 25 歲就在元朝當官，在窩闊台時代 1231 年，當上中書令，也只是 41 歲，耶律楚材取名楚材，只因「楚材晉用」，最後為元用，確是取名有深意，耶律楚材和丘處機，一個契丹人一個漢人，是影響成吉思汗不致到處屠城的外族，先是免了金中都屠城，免了北方生靈塗炭，到窩闊台時，更有蒙古人說：「漢人無補於國，可以悉空其人，以為牧地。」要殺盡漢人之議，亦因耶律楚材諫而止，真是功德無量，漢人要銘記其功德。1241 年窩闊台死，乃真馬后稱制，排斥契丹人，耶律楚材不得志而鬱死，得年 55 歲，這年南宋才是理宗淳祐四年，文天祥（1236 — 1283）才 8 歲，距離南宋亡國，還有 35 年之久，金由興起到

滅北宋，只花了 14 年，所以無力消化整個中國，而南北對峙 120 年，而蒙
古人由成吉思汗即位，至忽必烈滅南宋凡歷五世（窩濶台、貴由、蒙哥，都
未成功），共花了 74 年，可見漢人的韌力。若算到文天祥死的 1283，更是
78 年，忽必烈登位已經 20 年。耶律楚材讀儒書，通蒙古語，和元朝皇帝溝
通無問題，忽必烈是否通漢語，史無實據，如何勸降文天祥，真是存疑，耶
律楚律死得冤，但最後還是謚文正，封廣寧王、贈太師，上柱國，一生追求
謚號要有原則，不得亂謚的耶律楚材，總算得到一個最高的謚號。耶律楚材
在蒙哥忽必烈南下攻宋的 1258 年，已死了 14 年，並未為禍中國，南宋理宗
（太祖十世孫）在位 40 年，是昏君一名，權臣史彌遠、賈似道先後當國、蒙
古人南侵時，已是理宗的第 33 年，歌舞昇平，賈似道是表面上似有才氣，
實則不能辦事的人物，如何當得起快將亡國的艱難局面，所以督大軍援鄂州
之危，不敢戰而來和，恰逢蒙哥受傷而死，忽必烈急於北上爭奪帝位，接受
和議，許稱臣畫江為界，賈似道謊報大捷、君臣繼續歌舞昇平，不知國之將
亡，所以文天祥提出「宋無不道之君，無可吊伐之民，權臣誤國，用金失宜，
北朝用其叛將叛臣，入其國都」。除了第一句外，其他都是事實，古來忠臣
都不敢議君上失德，誠可嘆也，文天祥亦不免。

　　宋朝的滅亡，是中華文化一時未能急劇轉變以適應於競爭的原因。宋
朝南渡，理學盛行，但軍政腐敗，人民困苦，而一大部份士大夫自溺於晏安
酖毒，歌舞昇平，宋朝理學又是一個沒有競爭力的文化，遇上史上最強大的
蒙古大軍，朝廷的部分都是腐化，只能靠民間力量不斷反抗，這是文天祥
在 1276 年謝太后和恭帝都投降北上後，仍能引領民間力量抗元，甚至在被
擒後的三年兩個月零九天內，不停息地進行針鋒相對的鬥爭，三年多內，
作詩一百首，集杜詩二百首，並托人帶出監外，得以流傳，《過零丁洋》、
《正氣歌》，傳頌了八百年，直至今日。文天祥是愛國詩人、文學家、政治

家、思想家。「改革不息」是他的救國思想。文天祥的詩歌中最著名的是《正氣歌》，歌中舉了十二位忠義典型人物，雖然其中沒有後世民間更注重的關羽、岳飛。岳飛在宋孝宗時又被平反，關公則要到明代《三國演義》出現才大熱，亦可能是原因之一。這十二人物亦值得大家討論一下：

一、在齊太史簡：太史是記載歷史的史官，最著名當然是漢朝太史公司馬遷、春秋齊國的三位太史兄弟太史伯、太史仲、太史叔，因書在簡：「崔杼弒其君」，崔杼連殺太史伯、太史仲二人，但太史叔仍秉筆直書，太史季聽到太史都死盡了，仍執簡去準備寫，聽到崔杼放棄殺人，才離去。崔杼是國重臣，執政二三十年，歷經齊惠公、齊莊公、齊景公，齊莊公好色之徒，和崔杼妻棠姜私通，崔杼怒殺齊莊公，立杵臼為齊景公，自己任右相，但兩年後家族內訌，左相慶封乘機攻滅崔氏，崔杼上吊自殺，屍體後為景公戮曝，由這事件可見齊莊公不是好貨色，崔杼弒君是事實，但又希望將齊莊公寫為暴病而死，太史們不同意，寧死不屈，權臣亦無法，崔杼之流亦必敗！

二、在晉董狐筆：晉靈公是昏君，殘暴荒淫，趙盾是相國，勸皇帝向上，反而被追殺，在逃離晉國途中，遇見靈公姊夫趙穿，趙穿返京和靈公爭執無效，殺了靈公，趙盾返國擁立晉成公，趙盾當相國，太史董狐直筆「趙盾弒其君」，而不是「趙穿弒其君」，乃和董狐理論，董狐說：「你身居相位，曾經逃亡而沒有走出國境，回來又不懲辦兇手，這當然是你的責任。」孔子評趙盾，若果當時逃離國境，就可以免除弒君之名了，趙盾還算一個賢臣，但誰又知道趙穿是不是趙盾授意而為呢？春秋弒君例子太多了。

三、在秦張良椎：秦滅六國、張良僱用大力士用大椎伏擊出巡的秦始皇，誤中副車，張良韓人，秦滅韓，張良為韓報仇，被秦朝認為恐怖分子，被通緝，張良後來輔助劉邦，成為「漢初三傑」之一。

四、在漢蘇武節：漢武帝派四十歲的中郎將蘇武帶百人外交團往北方匈

奴議和，隨後又派李陵去攻擊匈奴，結果蘇武、李陵都被俘。蘇武忠君愛國，誓死不屈，北海牧羊，歷盡折磨十九年，才被放返中國。李陵卻降了，漢武帝殺了李陵家族，斷了他的後路，蘇武、李陵在匈奴十九年，本是好友，《李陵致蘇武書》亦是一封必讀古文，蘇武歸國已五十九歲，漢武帝已死，蘇武得官二千石，但陷入黨爭，霍光殺桑弘羊，上官桀，蘇武因子參與桑弘羊一黨被殺，蘇武罷官，要到新君漢宣帝上任，因擁立而得官，霍光死，霍氏被滅，蘇武封關內侯，蘇武活到八十歲，上了麒麟閣十一功臣榜，但霍光更是榜首，滅霍氏後還在嗎？畢竟蘇武是正面人物，但政治也是殘酷的，沒有李陵也反映不出蘇武，兩人都值得研究，如何在一個衝動的漢武帝手下活下來。

　　五、為嚴將軍頭：嚴顏、漢末四川劉璋的巴郡太守，劉備揮軍入蜀，派張飛攻巴郡，嚴顏兵敗被擒，不肯投降，「有斷頭將軍，無投降將軍」，《三國演義》羅貫中改寫歷史，變成張飛義釋嚴顏引為上賓，最後嚴顏投降。這只是美化張飛，嚴顏實際只是被軟禁，是否自殺而死不得而知，嚴顏是忠於劉璋的，但漢末是前三國時代，已是羣龍無首，君擇臣，臣亦擇君，要看誰的理想有益中華民族！

　　六、為嵇侍中血：嵇紹保護皇帝致死，血染帝袍，皇帝不捨得洗去袍上的血，是一個古代忠貞故事。令人費解的是，嵇紹何許人也？竹林七賢嵇康之子。嵇康四十歲，被權臣鍾會陷害，司馬昭下令將嵇康處死，嵇康是曹操一族的女婿，曹家和司馬家鬥爭，嵇康名士也，鬥爭中致死是名士的風險，嵇康死日，嵇紹才 10 歲，嵇康托孤竹林老友山濤王戎，說「山濤在，汝不孤」，果然山濤王戎不斷照顧嵇紹，但嵇紹何以肯為司馬家效力，有殺父之仇啊！當然到嵇紹長大，司馬昭已死，晉武帝因嵇昭亦死，繼位是那位以「何不食肉靡」聞名的痴皇帝晉惠帝，更有惡妻賈南風，引致「八王之亂」，才有護帝一幕，嵇紹之死是悲劇，忠貞過度了。

七、為張睢陽齒：中唐安史之亂，名將張巡守睢陽，有「殺妾饗三軍」的故事，古代婦女真慘，但張巡每次作戰，都咬牙切齒，古代有「咬碎銀牙」之說，張巡據說最後只餘三齒，抵抗安祿山不是易事，安史之亂是唐朝轉衰的一幕。

八、為顏常山舌：顏杲卿是書法大家顏真卿的堂兄，亦是安史之亂中的守將，常山太守，兵敗被安祿山所俘，顏杲卿不怕死，破口大罵，最後被割舌而死，可謂忠烈。

九、或為遼東帽，貞操勵冰雪：管寧被譽為三國第一人，有和華歆「割席斷義」的故事，華歆在曹操一朝，貴為曹操副手，亦要想讓位管寧，管寧避禍遼東，故有「遼東帽」之說，管寧始終未出仕，高風亮節，得高壽，是一流人物。

十、出師表：諸葛亮的〈出師表〉，鬼神泣壯烈，是絕對的智者，三國時代三大智者，筆者在《讀三國・論管理》已詳論，不再重覆，諸葛亮〈誡子書〉更值多讀，「淡泊以明志，寧靜以致遠」，千多年後仍然是人生明燈，成功人士多焦慮，到廿一世紀更甚，曹操解焦慮，咱有杜康，飲酒太多傷身，還是學諸葛亮的心態為上。

十一、渡江楫：祖逖是東晉名將，其實在東晉開國第五年就死了，得年55歲，他前50年是在西晉渡過的，一生歷經「八王之亂」，永嘉南渡，後趙石勒破洛陽的慘事，東晉司馬睿雖稱帝，成為東晉首任的晉文帝，但天下已與王家共分，「王與馬共天下」是事實，司馬晉也是無心北伐、樂於偏安之人，祖逖請命，也只是給一千人的口糧，祖逖要自行募兵，帶了百多家丁北上，渡江時豪言：「不能清中原而復濟者，有如大江」，他的豪情是感動了文天祥而特地放入《正氣歌》中，事實上只募得二千人，能破石勒麼？沒有可能，即如文天祥亦無可能破蒙古，但有大志能實行，雖不可為亦為之的民

族主義，支撐了東晉 103 年。人不可無大志！

十二，擊賊笏：唐德宗時的段秀實，當過節度使之職，升至禮部尚書，涇原兵變，朱泚請降，段秀實在朝廷勃然而起，以笏板擊朱泚，64 歲的文人有此豪氣，當然被殺，被讚為「自古歿身以衛社稷者，無有如秀實之賢」。追贈太尉，謚忠烈。文天祥大概有想過要笏擊忽必烈，苦於無機會。

總結：讀文天祥所寫的十二位歷史人物，要注意文天祥當時的背景，文天祥被元人所俘時，南宋已亡，小皇帝也投降了給異族，另兩個被寄以希望的小皇帝亦已死亡，文天祥已無君可忠，只能保民族一點尊嚴，孔曰成仁，孟曰取義，當丞相亦只能一死，沒有商議的餘地，最大的誘惑是可以當世界上最大帝國的宰相，多少漢奸如狀元宰相留夢炎、文天祥弟弟也投降了，沒有儒家氣節的支持，是做不到，宋朝理學發揮了作用，所以文天祥的人物例子，選了不肯妥協的幾名史官，不辱使命的外交官蘇武，不肯投降的將軍嚴顏、張巡、顏杲卿，淡泊以明志的管寧、諸葛亮，無兵司令的祖逖，奮力擊賊不顧生死的段秀實，只有嵇紹衛君而死，謀殺暴君的張良，比較是傳統的忠君，張良其實也無君可忠，但即使到廿一世紀，仍是中國文化的典型，只是忠君已渺，愛國愛民族是必需的。大家好好用來教子，又要說明古今之別而已！是為禱。

4）聞名與聞道

「論語」說：「四十五十而無聞焉，斯亦不可畏也已。」一直以為這個「聞」字是指「聞名」。人到四五十歲仍闖不出一個名堂，前景就有限了，當然「不可畏」。

但王陽明不同意這個說法，他說這個「聞」字，是指「聞道」，而不是「聞

名」。孔子不會以是否有「名聲」而看一個人，而是看一個人是否「達道」，所以「沽名釣譽」，日日上推特，得到諾貝爾和平獎，也是無甚意義的。

萬世常行之道，大概都在《大學》、《中庸》兩本書中，《大學》的功夫是「誠意」，誠意最高境界是「至善」。《中庸》的功夫是「誠身」，誠身最高境界是「至誠」，所以「至善」和「至誠」就是中華文化的最高境界。中西文化要綜合與調和，要從這兩個基礎開始。

目前美國文化中「衷心無誠，盡出於偽」是另一個極端，和中國文化中「至誠至善」正是相反，如何綜合調和，真是無解。其實陽明學說提供了一個方向，天理就在人心中。中西方人民其實都是「勤勞、勇敢、熱愛生活」的，只是良知受物慾所掩蓋，如何撥雲見日，重見光明，要有手段。

2008 年的金融大災難，只是對 90% 的小民而言，對 10% 反而是大利，起不了教訓。陽明心學重鎮，手段有九：赤誠、孝敬、謙卑、淡定、反省、利他、進取、忍耐、豁達。方法是知行合一，當然東方仍有很多人迷信西方思想，要自己先信了東方思想，才能去影響西方，其實西方漢學家對《大學》、《中庸》研究甚深，日本漢學家更深入。但如何令其理解滲入西方社會，而不是一種專門學問，才有希望。嗚呼！

5）橋牌圍棋混合雙打 —— 鄧小平

鄧小平是橋牌高手，圈內人都知他的打法是「守得緊，攻得狠，叫得準，打得穩」。放諸 40 年前改革開放時的中美關係，也是如此，四字真言是「實事求是」，這是歷史教訓，買來 40 年的暫安。

中國彎路超車，功效令全世界人跌眼鏡，包括美國前國務卿基辛格，普通觀眾都知中國韜光養晦多年，但真正秘笈另有 24 字，至今仍適用，「冷

靜觀察，穩住腳跟，沉着應付，韜光養晦，善於守拙，絕不當頭，有所作為」，連同「實事求是」，共 32 字真言。世人看到如今有所作為，亞投行、「一帶一路」、金磚五國、上海合作組織、人類生命共同體、在國內精準扶貧、城鄉共同發展、投資科技人才、復興中華文化。

鄧小平的橋牌戰略，令美國人無法在過去 40 年阻止中國發展，到特朗普上台才改變戰略，視中國為競爭對手，但中國又換了習大大主持，在橋牌戰略上，加上圍棋戰略，是歐洲橋牌文化，加上中國圍棋文化，遠離歐洲文化 400 年的美國，能真的了解？鷹派們是不會深思的。

筆者早於 2002 年出版的《管理經》（天地）要香港讀者們留意唐代圍棋高手王積薪的圍棋十訣：「不得貪勝，入界宜緩，攻彼顧我，棄子爭先，捨小就大，逢危須棄，慎勿輕速，動須相應，彼強自保，勢孤取和。」圍棋局面在糾纏時求互活，而不是互攻，美國發招貿易戰，出的是老招 301，早已過時，股市又現「黑色星期五」，美元欲起無力，國債又增，中國無聲出，人民幣、原油期貨，在定價權上還了一招，美國無聲出，這次是文化戰。

6）改革開放的效用 —— 鄧小平

改革開放 40 年，最令人印象深刻的句子是甚麼呢？記憶中第一次去深圳見到的「時間是金錢，效率是生命」，西方管理格言中國化，自此而起。

但老外最能學識的是「關係」二字，還直接用 Kuanxi 來行文，1978 年，馬克思的名言亦中國化：「實踐是檢驗真理的唯一標準」，從此「實事求是」，一切都要由行動實踐以代替口號空言，「摸着石頭過河」、黑貓白貓、能捉老鼠就是好貓，從此資本主義在大陸重生：民國時代，資本主義本來就是白貓、深圳 40 年間由 30 萬人的小鎮變成 1500 萬人的大城市，GDP 若以 PPP

計算已到 6690 億美元，遠超香港了。

除非「購買力評價」被推翻，40 年前全國只有綠、灰、藍三色，如今百花齊放，所有奢侈品牌都已在內地出現，成為全球最大市場。資本主義要推廣的消費現象，在社會主義中出現了，是不是又一個中國化的大潮，問題不是沒有，將會在歷史中留下足跡的名句出現了：「房子是住的不是用來炒的」，「做生意是要有本錢的，借錢是要還的，投資是要承擔風險的，做壞事是要付出代價的」，這些在資本主義是天經地義的事，在社會主義中也是一樣。

不過，回頭看全球的實質和虛擬世界，GDP 才 75 萬億美元，股市已達 70 萬億美元，衍生工具 700 萬億美元以上，負息債券達 9 萬億美元，美國國債 20 萬億美元，要不要還呢？

4 年美息已向 4% 進發，歐羅還在負息，不禁令人嘆息，人類的人均 GDP 只有 1 萬美元，貧富懸殊有多大，沒有改革開放，世界會如何？

7） 經濟政治新秩序 —— 鄧小平

遠在 1988 年，鄧小平在中印對話時，就提醒印度：世界上有兩件事情要同時發生，一是建立國際政治新秩序，另一個是建立國際經濟新秩序。這時候，美國還在和蘇聯冷戰，拉攏中國，不以為威脅。3 年後蘇聯解體，美國一枝獨秀，更不將這兩句話放在眼裏。

中國在 1986 年已申請入今日的 WTO，美國照例阻撓，一直拖到小布殊上台，中國才獲准入會，花了 15 年，經濟新秩序才出現。鄧小平的真言，「韜光養晦」發揮作用，但配合出招是「善於守拙」和「絕不出頭」，只求「企穩腳跟」。在經濟上吸引外資，給予「超國民待遇」，來了就好，以無聲腳步，

在經濟上，GDP 超越法國、英國、德國、日本，做世界工廠，接受洋垃圾。

小布殊的注意力在 2001 年被中東所吸引，遏制中國計劃拖慢了，美國陷入中東的泥足，國債暴增，2008 年更碰上金融大災難。中國則深耕中亞、非洲、東盟。日本這個「千年老二」，陷入「迷失 20 年」，10 年 9 相，無所作為。直至安倍上任，處處要當中國絆腳石，每次說要和解，轉眼又翻臉。

美國就是要中日韓自由貿易不能成事，如今更展開貿易戰，暗裏是科技戰，保證 2025 年中國的科技夢不能達成，不管誰當上美國老大，戰略也是一樣的，就是不讓你「實事求是」、「有所作為」，但新經濟秩序已展開 30 年，擋是擋不住的。

惟有政治新秩序，美國是仍要獨霸一切，但英法已不聽話，投入亞投行，就是好例子。本周「一鶴鬥七鷹」只是新戲碼，有排玩！

8) 端午屈原卜居

端午節是為了紀念屈原，還是為了吃糉子和賽龍舟呢？深究的人不多了，香港的節日中只有端午是為了紀念一個戰國時代的故人，也算難得了。

錢穆在 1986 年端午前夕的一場在台北的演講中，介紹了這位大文學家，具外交遠識的大政治家，也是一位忠君愛國大仁大義的道德實戰者，是孔子之後的一個了不得的戰國人物，是「聖之清」者，要如何來作紀念，是文學家和史學家的責任。

30 年過去了，知道屈原的人更少了，多少人讀過屈原的作品《楚辭・離騷》呢？太難了，能記住「路漫漫其修遠兮，吾將上下而求索」，還要多得當年打麻將要叫糊求索子，想來真可笑。錢穆指出，史學要「旁通文學，直究人生。明白到品其人，乃可衡其文，論其文，則不足以定其人」，如屈原、

諸葛亮，都是人品和文章合一的，但世上文不能定其人的，太多了，這當然都是「生活所迫」和「雙重性格」。

在端午節不必去讀《離騷》，但讀一遍太史公《史記》中的〈屈原賈生列傳〉，想一想太史公何以不將屈原徒弟宋玉這位亦是大文學家共列，而將屈原死後 140 年的賈誼列在一起。還有時間，可讀《楚辭》中只有 335 字的「屈原卜居」，說的是屈原被放逐，3 年不見楚王，竭智盡忠也無用，乃去見太卜去占卜，一共問了 14 道問題，那是一個「讒人高張」，「蟬翼為重，千鈞為輕」的濁世。

太卜不敢卜，說：「物有所不足，智有所不明，敎有所不逮，神有所不通。」這 14 道問題是卜不出的，那 14 道問題又是甚麼，不妨查實！

9)　觀氣象得結論

南懷瑾旅居台灣時，正是台灣民主發芽之際，他在著作中指出，人類「高估民主之可貴，毀於民主的變相」；其後遷到太湖畔建立「大學堂」，訓練小童，遠離那個空有「民主架構，而議會無法解民生問題」的地方。

30 年後，蔡英文到南美洲，仍是以「爭取民主，追求自由」來勉勵「友邦」，但別人有眼睇，結果是「放棄民生，帶來災難」，原因就是「民主的變相」。

「民主」這個詞的創造是相對於「君主」，君主代表獨裁。由「獨裁」轉變為「眾裁」的例子，莫過於南美洲。在上世紀，南美洲紛紛由「軍人專政」轉變為「民主架構」，結果是猛開福利支票來吸引選票，卻不量入為出，沒有金融自律，終致債台高築，成為高負債國家，信用評分變為非投資級，空有資源，財政不能負荷，乃有今日。

　　所以「平等、自由、免於匱乏」是不可持續的現象，發展到連美國乃民主架構只為 1% 的人服務，最後「失敗者」之怒，選出如此領導，亦是「天命」。

　　領導可以帶來「大幸福」，也可以帶來「大災難」，「羣眾暗於遠識」是自古如此，而羣眾有多少耐性，則每個地方不同，只因文化差異。

　　100 年前，中國的知識分子就迷戀「全盤西化」，以為是邁向政治清明、經濟發達的唯一道路。25 年前蘇聯人以為換個民主制度，一切就大好，結果民主帶來的是利益衝突，永不休止。近日讀《人物志》這本奇書，其中最重要是「觀人察質」，而觀「大人物」則更要觀其「氣象」，氣象不成，一切皆休。「氣象」指「氣度、氣局、風神、景象」，從此下手，自得結論！

10）高士顏斶終身不辱

　　孟子在戰國專門遊說齊宣王和梁惠王，但仁義之道，齊宣王、梁惠王不是不知道，而實在做不到，「非不能也，是不為也」。齊宣王已經是最能禮賢，但不能真下士，所以孟子不願曲學阿世，只能特立獨行。

　　但後世人人知孟子，誰又記得同期的顏斶呢！顏斶是當世高士，只為吐真言而來，所以見齊宣王，單是誰向誰行前一步，都有爭議，理由是「斶前為慕勢，王前為趨士」。一步可代表慕羨勢力，也可以是尊重士人，要齊宣王選，齊宣王自然大怒，問究竟「王貴」還是「士貴」，顏斶自然答「士貴」，他舉例說，當年秦國攻齊，下了兩個命令，一是「有敢去柳下季即（柳下惠）墓五十步內斬柴者，死不赦」。另一是「有得齊宣王頭者，封萬戶侯，賜金千鎰」。

　　很明顯齊宣王之頭不如柳下季之墓。齊宣王左右當然不服，說大王據千

乘之地，萬物無具備，而百姓無不親附，士只是出無車、住農田的匹夫，所以「士賤也」。顏斶指出古時大禹有諸侯萬國，湯有三千，到戰國諸侯只餘廿四，所以諸侯只是等誅滅，愈來愈少，只是得其名而無其德。顏斶指出德之重要，君王要不恥下問，不愧下學，有其道德，才能揚功名於天下，要禮賢下士，「堯有九佐，舜有七友，禹有五丞，湯有三輔」。老子曰：「雖貴必以賤為本，雖高必以下為基」，所以諸侯都「稱孤道寡」，孤寡，人之困賤下位，如此自稱，當然是「尊貴士」了。

齊宣王恍然大悟，要拜顏斶為師，但顏斶卻不玩了，留下四句「晚食以當肉，安步以當車，無罪以當貴，清淨貞正以自虞」，歸真反璞，終身不辱，高人也！

11）讀史早知今日事 —— 陳寅恪

陳寅恪詩云：「讀史早知今日事，看花猶是去年人。」中國 5000 年歷史、演員不一樣，但劇情卻無限相似。

歷史上每一次大亂，同時總有幾塊乾淨土，留作新文化的處世地讓舊人才移植，讓新的生機萌發。

如魏晉南北朝，天下大亂，人口移民，一批去了遼東，一批去了河西，中原人才凋零。但 300 多年後，中華民族再次復興，四處奔逃的人，在新環境中獲得了新生命，慢慢轉回來，今日稱為海歸，在故土凝結，便形成隋唐統一，人才鼎盛，隋唐盛世光臨就是如此而來。

五代十國，天下又亂了 52 年，人口逃到遼國西夏，宋太祖收拾山河，重文輕武，但累積人才要 80 年。在朝有范仲淹，在野有胡瑗，一個是模範宰相，一個是模範教師，以天下為己任，重新推出孔子儒家來矯正現實，從

此人才輩出，宋朝六大家、二程等人出現，連昏君趙佶也是大藝術家。宋朝是中國文化的最高峰，但文化發展到某一階段的最高峰，必然會衰落。北宋後的金元清是外族入侵，孔子儒學再次受打擊，但元朝亂了 80 年，亦培養出一批「像樣的人物」，供朱元璋所用，建立明朝。明末諸儒，一樣堅忍卓絕，但清末人才畢竟被文字獄打擊盡了，到民國已無人才。

　　錢穆嘆民初 50 年人物不足，都去了外國，國共戰後，又一批去了港、台、澳。清亡又 80 年，海外人才回歸和國內接合，參加 1987 年的國運轉勢，30 年間，不論文學、科學都大盛，乃有中華民族的偉大復興，信乎？

12) 華夏文化當然在中國 ── 陳寅恪

　　據稱日本漢學家提出「唐朝文化在日本，明朝文人在韓國，民國文化在台灣」，所以研究漢文化不必去中國，要去上述三個地方。但此人稱這不是原創，是從「外面」聽來的，沒有甚麼證據，老友稱為「瞎子摸象」，奇怪的是日本人怎麼不提宋朝文化。

　　讀過陳寅恪大作的人，都知道宋朝文化是中華文化最鼎盛之際，唐宋八大家，唐朝只得兩位，宋朝有六位，連亡國的宋徽宗都是書畫高手，日本人又創出「崖山之後無華夏」，其實是清初錢謙益詩的集句，日本敵視大清帝國，認為中華文化在日本才是正統，已有幾百年歷史。

　　而在侵華戰爭，又有京都學派的「元清正統論」，外族入侵中國是為中國文化「解毒」，是善意的，是作為侵華的理論。日本高級軍官更人人學唐詩宋詞，作為與中國人溝通的工具，結果大失所望，中國農民文盲居多，何來那麼多詩人。的而且確，清末民初，不少日本的儒學家訪華，看見中國之貧乏，中華夢碎，轉而看不起中國人，侵華變成解救。

百年後，日本人仍九成對中國人無好感，這是有歷史因由，一定要日本人大量訪華，看見中國河山改變，才會扭轉，而不是看日本報章的 fake news。中華文化當然在中國保存最多，甚至元朝亦是東西文化大融滙的一百年，蒙古人的絲路直通歐洲，中華發明經阿拉伯人去歐洲，只是明朝開國不久閉關，而清朝則變成部落政治，民國不能復興，是日本當絆腳石。這次不可能了！

13）世界氣運轉上轉

西方人不知為何喜歡用 1820 年來做分野，經濟也好，文化也好，氣運也好，都如此。1820 年無大事，只是恩格斯出生那年，馬克思則在 1818 年已出生了，對世界有影響是後來的事，誰又料到馬克思理論會「中國化」呢？

在東方，那是大清嘉慶 25 年，亦是嘉慶死道光出那年，大清開國 176 年，正式進入衰世。英國人東來，1839 年林則徐虎門燒鴉片煙，鴉片戰爭隨之而來，種下香港百多年後的盛世，而氣運亦由東方轉向地中海，如此百年。

直至 1912 年第一次世界大戰，氣運由地中海轉向美洲，美國強大，1945 年到了頂點，GDP 佔世界之半，戰後全球復甦，美國已不能全佔，但成為世界盟主，來得太速。

美國人並未學會「如何做世界第一大國和做全世界領袖」，因為「他們遠離文化大傳統歐洲本土已經 400 年了」，所以一切以軍事為主，行霸主之道，如此百年。

但 2001 年「911」之後，為了「國土安全」，「個人自由」已讓路了，只有「槍械自由」不變，自由與放縱只是一紙之隔，小布殊之功也，再選出特朗普。

　　歐洲人認為「民主制度」只能在歐洲土壤才能正常生長，「個人自由」亦如此，但世人更見是「個人散漫的自由」，除了德國人，整個歐洲都是懶人世界。歐洲人還「強調團結和集中主權」是唯一可行之道，但右翼已崛起，只是未成氣候。

　　據調查，過去 10 年，已有 25 個民主選舉國家變成失敗國家了，但世界領袖，有辦法嗎？沒有，因為「美國優先」連自己海外屬地的波多黎各，也救不了，還救誰！

14）時代性和學術性人物

　　1988 年錢穆 94 歲重論「當前學風之弊」，談的雖然是民國頭 50 年間的學風，但引古喻今，由戰國西漢人物談起，分有「學術性」和「時代性」，兼論中西文化之別。

　　「學術性」講「傳統」，「時代性」講「潮流」，重「潮流」謂之「新」，輕「傳統」謂之「舊」，而「新文化時代」一切重新重潮流，乃至時代愈下，學術愈下，乃至沒有超時代人物出現。春秋戰國時，最大人物是蘇秦、張儀，一言而天下驚，但時代一過，亦不過是遊士而已。

　　孔子、老子的儒道學說，不為當時接受，並不暢銷，但最終成為經典。孔子、老子成為超時代人物。漢武帝時代，人物輩出，最出名人物是公孫弘，60 歲成名，80 歲仍任宰相。董仲舒被流放，主父偃被殺，都是他的傑作。

　　但千年之後，公孫弘亦只是時代人物，董仲舒卻是超時代人物，「天人合一」之說流傳至今。到民國時代，康有為、章太炎、梁啟超、胡適之，四人亦名重當時，但只有梁啟超可以稱為現代傳統學術人物，其他三位，亦時代人物而已。

　　梁啓超學術勝康有為，但終身尊師而不能暢所欲言，亦其弊，學術有承先有啓後，是否「學術性」亦要看有無傳人，胡適之大弟子傅斯年則早亡，傳之無人。談到新文化運動的「對抗性」，是中央大學和北京大學之爭，主要讀者是一般青年，而一般青年「易於接受無學術性、無根柢之過激主張」，「不易接受較深沉較富中庸性的學術理論」，後生對前輩，則不信仰，不尊重。」學術與一般人事脫離，這個現象豈非如今歷史重演，哀哉！

15）天運循環和失敗英雄

　　錢穆説西方人最不能接受是中國文化中的「天運循環」、「暑往寒來」。《論語》中「歲寒然後知松柏之後凋」是中國的歷史精神重松柏之後凋而輕桃李之爭春，正是中西方文化的大分別。

　　中國歷史是一部「居安思危，履險若易」的歷史，知亢龍之有悔，思患而預防。遭挫折而自強不息，美國人如特朗普者，無法明白。朝鮮自古以來受儒家文化的影響，當然是「士可殺不可辱」，「三軍可以奪帥，不可以奪志」的信奉者，美國人只知恐嚇，結果是適得其反。

　　中國歷史人物，出於衰亂世，大於承平世，但以失敗終其身者，仍受後世尊崇，勝於成功人物。孔子在春秋，孟子在戰國，當然是失敗人物，當時受各國推崇的，另有其人，如今誰還記得起公孫衍、淳于髡這幾位當時一怒而天下驚的人呢？今日美國大人物，將來歷史亦作笑話看。

　　中國歷史上，建大業成大功的名將無數，在當時，功名煊赫，對社會有大貢獻，得大福利。但中國人崇拜失敗英雄，關羽、岳飛、文天祥、史可法，就如嚴冬松柏，而其他成功名將，就如三春桃李，被人遺忘了。所以錢穆提出「不朽論」、「性善論」和「立德立功立言」，以立德為先，處亂世而抱道

不屈，不汲汲於一時之功利，而為民族萬代求存。

　　松柏後凋的「歷史精神」能使中國人在天寒地凍、堅冰厚雪中屹立無恙，而在溫室的花朵很快就無存，這個精神其實是每一位父母在照顧自己的孩子時所必記：「天運循環」。自強不息，西方人無法明白，西方教育亦如是觀！

16）天運循環二千年

　　1963 年錢穆談中國之真正復興，必在「文化傳統」上，還在每一個「人」身上，在每一個「人」的「自覺自信」，和各自的「立志」上。錢穆相信「每一個人不論環境條件都可做一理想完人」，這才是中國復興再盛的時期來臨了，成為「完人」不是來到盡頭，仍要「修」和「養」，做人如此，世運亦如此。一人之「德」可以變成一時代的氣運，「完人」愈多，氣運愈強！歷史就是如此玄。

　　「辛亥革命」就是氣運來了，所以清朝就亡了，但新朝開始，不代表太平盛世來了，因為「完人」或亦稱「人物」並未足夠。回顧歷史，秦統一六國，創造新世運，但單憑秦始皇和李斯是不足，所以世運落在劉邦身上，建立漢朝，但單憑漢初三傑，人才仍不足，要等到 70 年後的漢武帝一朝，人才才輩出，延續 400 年（由公元前 140 年至公元 265 年），到東漢末年，仍有新人才出現，成為三國時代各位人物，如諸葛亮、曹操。

　　筆者在《讀三國論管理》就討論過其中人物，到東西晉南北朝，衰世300 年，到北周才有人物出現，文中子和蘇綽等人物，為隋唐盛世培養人才，所以唐太宗一上台，就有大量人物如魏徵、李靖，成貞觀之治。隋唐有 350年好景，來了最亂的五代十國。北宋建國，重文輕武，也等了 70 年，才有范仲淹、歐陽修出現。百年後人才輩出，但蒙古人來了，衰落百年，又出人

才，成就明朝 300 年。人才直至清初，仍影響人心，但清代滿洲人壓抑人才，到清末極衰。錢穆認為到民國成立 50 年仍感人物不足，要到 100 年，文化復興終歸來了。

17）世道盛衰歷史觀

稻盛和夫在書中談日本國運自 1865 年以來是四十年一變，國運甚短，禍福未知，下次是 2025 年，如今還在噩運中。如何掙扎，也是走不出其運，自有其因由。中國則國運綿長，其間伴以人物的出現，不過運轉和人物出現不一定同時，有時已出現，有時會有落差，已經討論過。

結合錢穆和南懷瑾的看法，自漢朝以來，中國國運歷經五盛四衰，由西漢漢武帝（公元前 140 年）至三國末（265 年），約 400 年，是盛世，人物輩出。西晉（265 年）至南北朝（589 年），約 300 年，是衰世，五胡亂華。隋唐盛世（581 年至 907 年）是 400 年盛世，萬國來朝，國威遠播，唐詩極盛，華胡文化大混合。

隨之的五代十國 50 年（907 年至 960 年），是中國歷史最黑暗年代，尚幸甚短。趙匡胤是個人物，黃橋兵變，兩宋 300 年（960 年至 1271 年），軍力上不是盛世，但文化上卻是中國最盛的年代，出現范仲淹的秀才教，建立「先天下之憂而憂，後天下之樂而樂」的儒家實踐觀念。

中華民族雖倒不亡，元朝 100 年對中華民族是衰世，但仍為復興儲蓄人才，所以朱元璋一上台有人可用，又創 300 年盛世（1366 年至 1644 年）。鄭和七下西洋是創舉，陳誠出西域其功不少，是「一帶一路」的雛形。

明雖亡而人物未衰，中華民族在滿清八旗下仍興旺，康雍乾嘉四世，共200 年（1644 年至 1842 年），直至鴉片戰爭，割讓香港，中華民族進入衰勢，

直至 1987 丁丑轉運，衰世共 200 年。

中華民族再進入盛世，有多長呢，以歷史趨勢 300 至 500 年，西方人讀不通中國歷史，仍在大吹「崩潰論」，對不起，早已潰完了！奈何！

18）中國式創業與管理

西方商學院要研究中國創業人士有何特色？筆者說歷史教訓是，創業人才不來自中心，要向小地方尋。中心地帶的人重現實，少想像，發不了家！

且看改革開放，科技界的五虎是何年齡段，有何籍貫。依年齡來排，阿里巴巴的馬雲，53 歲，杭州人，杭州師大畢業；小米的雷軍，48 歲，湖北仙桃人，武漢大學畢業；騰訊的馬化騰，46 歲，汕頭人，深圳大學畢業；網易的丁磊，46 歲，寧波人，電子科技大學畢業；京東的劉強東，43 歲，江蘇宿遷人，中國人民大學畢業。

共通點是都有大學資歷，只有馬雲超過 50 歲，都到過人生谷底，沒有人是富二代。曾經打過工，最後辭職，認識新朋友，學習新科技，最後創業。有人吃紅薯度日，睡地板，沒有人來自一線城市，然後出現驚人的力量，撼動人生的巨輪。

有人說，馬雲改變了中國人購物的方式，馬化騰改變了中國人溝通的方法，雷軍在華為的巨大市場中找出一條生路，發展到印度，中國的市場大到足以容納網易和京東的存在。

跨國企業只在一旁着急，徒呼荷荷，要中國開放市場，來了又怎樣，各大品牌和銀行的市場佔有率，小得可憐。

錢是有得賺的，要成為市場老大，似乎西方管理方式不管用，要明白中國市場，首先要明白中國文化，要西方人管理中國市場，正如今日中國人

無法成為西方企業的 CEO，東西文化融合還需一兩代的經營。單是看人看面相，就無法明白，西方商學院又如何教呢？無解。

19）童心真心何處尋 —— 龔定庵

清代思想家兼詩人龔定庵出生於 1792 年，正是英使來華見乾隆那一年。83 歲的乾隆已經老邁昏庸，委政和珅，無法從英使身上看到西方資本主義的崛起，已成為大清之憂。繼位的嘉慶以為「和珅倒」，一切就大好，不知道康雍乾時代的制度已不能延續。他當了太平皇帝 25 年，交給道光就了事，從此進入了衰世。

衰世人才無作為，以龔定庵之才，到 27 歲才中舉人，已是嘉慶 22 年。一直到道光 9 年，龔定庵已經 37 歲，5 次落第後，才勉強中了進士三甲第 29 名，和狀元、探花相差天地。在狀元也無作為的衰世，龔定庵只能當低級文官，只因楷書寫得不夠圓光，其實龔定庵的字有自己風格，有看頭的，衰世但求書法工整，哪管內容。

龔定庵 48 歲辭官出京，49 歲就死了，死因成謎，無怨可伸。歸途中寫了《己亥雜詩》，回憶一生，最懷念是少年時。大概常人亦無不如此，中學同學敍會，莫不談當年。《己亥雜詩》有一首：「少年哀樂過於人，歌泣無端字字真。既壯周旋雜痴黠，童心來復夢中身。」

定庵少年時代，尚可做到真摯坦誠，直言無諱，但到中年的道光時代，在官場當七品官，只能周旋，時而裝糊塗，時而施奸黠，已沒真情，童心只能在夢中。

定庵晚年尚見林則徐虎門燒鴉片煙，但英年早逝，1841 年死於 49 歲，而《南京條約》卻是簽於 1842 年，一於冇眼睇了。

二十一世紀的兒童早熟，失去童心，亦失去真心，「客氣漸多真氣少」，兒時那種情味，只能在幼稚園中尋。讀定庵詩，看亂世情懷，少年苦啊！

20）歷史人物各種謎 —— 李鴻章

讀陳寅恪傳記，一次上課學生問楊貴妃有多重？陳寅恪毫不猶豫，125磅，但不知身高，燕瘦環肥，也不算肥，只能説唐代婦女都是健美吧！

到法國參觀拿破崙住宅，有註明拿破崙身高163厘米（cm），是五呎四，不算矮，只是當時他手下十二

猛將，人人身高六呎，所以變了矮仔，歐洲名相俾斯麥也是身高六呎一，是高人，但一幅晚清李鴻章到德國訪問俾斯麥的照片，兩人身高差不多，原來李鴻章身高六呎，綽號靈中鶴，當年是高人一等，五短身材的袁世凱是他手下，只得五呎，當身見面，高下立判。

李鴻章再高，也只能當北洋大臣，是外交部長，袁世凱卻當上軍機大臣，最後當總統，不是當了總統想升級，當了81天皇帝，結果不會如此慘，但畢竟還是國葬，溥儀最後當了一介平民，李鴻章被評賣國賊，有點冤！

畢竟一切都是要慈禧、光緒批了才算，賣國是滿洲貴族，跟俄國簽約也是同一回事，是經手人，古代論者不敢罵皇帝，只好罵李鴻章，但當時維新人物在報上譴責李鴻章，把李鴻章與和珅相提並論，將洋務公費作斂財手段，是晚清第一富，但洋務運動一共用了多少錢？李鴻章死後身家多少？卻無歷史紀錄，因為和珅被抄家，全部家產，有歷史紀錄。

但洋務運動集團一共濫用公款多少，要真正的「清史」出來，才能解釋這個謎，晚清已有外資銀行，滿洲貴族的貪財者無不存款入外資銀行，紀錄又是多少，真是千古之謎，歷史專家們不妨發掘！

21）西方的偽命題

西方分析員最喜歡用他們的文化或工具來看中國，往往是瞎子摸象，中國開放了 40 年，對他們而言，仍是「神秘的國度」，沒有花時間去看中國歷史文化，就是如此。所以那些「修昔底德定律」、「中等收入陷阱」，都是偽命題。

中國人口 14 億，文化 5 千年，天下一家，天人合一，未雨綢繆而高儲蓄，勤勞而樂天知命，和西方截然不同。被外族攻擊有之，但屢敗屢興，只有美國主動攻擊，而非中國興戰，故非「修昔底德」。

而「中等收入陷阱」，在二戰後並未發生在亞洲，更未在「儒家文化圈」中發生，看看四小龍，都是儒家文化深度影響的地方，其實日本也是，但一度自稱是華夏文化的正統，滿洲只是外夷，到接受美式文化，又幡然變說。

中國地廣人多儲蓄高，外債少，基建投資尚未全部發生作用，是創業勝地，中小企業的樂園，傳統西方管理的「二八分」，20% 大企業佔了 80% 利潤，是貧富懸殊的主因，但「二八分」理論在中國亦不一定合適。

二十一世紀走向「八二分」，80% 中小企業比大企業更有活力，二十一世紀已進入大數據技術 DT 時代，網上支付的各種方式，百花齊放，香港發明的八達通已變成恐龍產品，金融業亦有危機，不是放款的問題，也不是壞賬的問題，銀行服務是必需的，但銀行未必 banking is essential，banks are not。令人想起那句有關「香港人」的咒語，這裏就不寫了。

中國正向 DT 時代邁進，香港青年要奮起直追，政治不能當飯吃，只是人生的一小部分。

22）世上最怕一個「積」字 —— 呂新吾

明代大儒呂新吾將人才分三流：「深沉厚重，磊落豪耀，聰明才辯。」那是指上等的領導，能深沉厚重，乃可從容處變，靜中布局，細意執行，行之有序。磊落豪耀，魅力十足，可令萬眾傾心，最怕一時衝動，領錯方向，如宋江。聰明才辯，辯才無礙，舌戰羣雄，但失諸操作無方，強詞奪理，如馬稷。但更多的是呂新吾未指出以下三流剛愎自用，桀驁不馴，機關算盡，那是沒有甚麼好結果的。

呂新吾另外提出一個「積」字，不是「積非成是」或「積勞成疾」那麼簡單，他説的是明朝社會的上下皆積，天下乃亂。

原文是「在上者，積寬成柔，積柔成怯，積怯成畏，積畏成廢」，從「寬，柔，怯，畏，廢」的五部曲，令到整個文官系統變成廢柴，事無可為，所以曹操論將之道，要從嚴開始。

單是執行「上班不准玩手機」一事，事在一犯即炒，無人情講，就算嚴，當然薪酬要有吸引力，才有人肯守規則，不願者勿來，否則一旦從寬，公司必廢。在下者又如何，「積慢成驕，積驕成怨，積怨成橫，積橫成敗」。也是五部曲，慢，驕，怨，橫，敗，也是逐步而來的，做事可以慢慢來，自然就驕，一不如意，就怨氣沖天，反正有父母可靠，打橫行是自然的，最多唔撈，歸家去也，重來一次，也是如此，自然慘敗。

何時夢醒，一般是成家立室，有了子女牽掛，才能重來。反正社會上成才成渣的比例，每代都差不多，要變成渣那一部分也不難，在上者在變，在下者也在變，一切變社會就難了。

23）德才兼備的數字一代 —— 馬化騰

　　馬化騰的兩會建言中，筆者最感興趣有五：一是建議大型央企和民企到港澳建立國際總部，這就需要大量國際人才，又要與科技結合，是港澳再前一步的神來之筆。當然港澳青年要有心理準備，正如基辛格最喜歡説的「時代的需求」，這和筆者工作年代要替西方企業打工的時代需求有所不同。

　　二是大灣區亦可視為科技灣區的青年，有融合的需要，目前雙方的心有隔膜，在港工作的大陸青年周末要去深圳透一口氣，令港人無法理解。深圳早已由「二奶村」變成科技創業大城市，中年人可以固守成見，年輕人大可不必，融合融合再融合，父母要先醒覺。

　　三是培養德才兼備的數字一代，金融要和科技結合，不能結合只能在銀行大裁員潮中被淘汰，科技日新月異，AR、VR、AI天天在變，追之惟恐不及。但「德」卻老早在中國文化傳統裏，修讀歷史是辦法之一，不讀歷史不能知人，不能懂事，不能閱世，有企業高層謂看履歷未修過歷史者減分，誠然有道理。德的水平不會再增進，中國五千年歷史的有德人物全在那裏，只要細心品味，做人做事都能成功，數字一代不能無德，「人格的尊嚴」而已。

　　四是文化軟實力，中國要增加全球影響力，要文化出海，藉助科技結合，最基本將故宮文化、長城文化、敦煌文化輸出，再加上鄉土文化、歷史文化，內容豐富。

　　五是健康管理和科技結合，最好是老人照顧和科技治療養老與科技結合，老人家們活得更幸福，靠不了子女也可靠科技，妙哉！

24）八十四年前的中國 —— 蔣介石

　　1975 年 4 月，蔣介石去世，筆者在台北工作，親見出殯情況，萬人空

巷，駐台北美國人也不得不讚整個安排一流。不覺 43 年了。1988 年 1 月，蔣經國去世，筆者在美國，看不到風光大葬，美國新聞也不多，不知實況如何，總不能超越老父吧，不覺亦 30 年了。

兩蔣遺體仍在慈湖，但民進黨代替了國民黨執政，介壽路已不壽，被改名了，全台銅像，紛紛被拆，在「去中國化」和「轉型正義」之下，兩蔣在地下能不能成為問題！蔣介石日記亦出爐了，「不讀是損失，讀了會受騙」。

蔣介石 1927 年主持北伐，1949 年兵敗逃台，成為偏安，在大陸也算當家 22 年，在台灣 26 年，接近 50 年的執政，在中國歷史上也算長。治國理念是甚麼？據日記是《大學》的「三綱八目」，蔣介石年少讀《大學》，但要到 38 歲閱歷經驗都夠了，才有所得，48 歲才有自信，這年已經是 1935 年，已是日軍侵華的時代了。

蔣介石認為日本所以能強，不因西方學說，而是得王陽明的「知行合一」理論，才能耀武揚威。蔣介石到台灣，還將草山改名陽明山，可見其重視。1934 年蔣介石如何評價日本：「他們的飛機可以隨時飛到中國領空內拋炸彈，兵艦可以隨便到我們的領海和內河耀武揚威，陸軍要進佔我們甚麼地方，便進佔到我們甚麼地方。」

蔣介石是痛恨日本人的，日記說：「西人說，倭人男子都有偵探特性，婦人皆帶妓女特性。」當時中國連三等國家地位也做不到，只列在次殖民地，隨時滅亡，那只是 84 年的事而已，「三綱八目」未發揮已亡！

25）陳廷敬的教訓

清初康雍乾三朝加盟的漢人中，官階最高有兩位，號稱「大清相國」，都是進士出身，並未中狀元。一位是康熙朝的陳廷敬（1639 年至 1712 年），

是順治 15 年進士，比康熙大 15 歲。19 歲中進士，當官 53 年，升官 28 次，官居一品，深得康熙信任，謚文貞，終年 73 歲，是深得「清，好，能，德」四種當官優點，而無其偏失。

清初滿洲大官林立，不得不如此，所謂「清官多酷」，修正方法是「宅心仁厚」；「好官多庸」，正之以「精明幹練」；「能官多專」，善者「從善如流」；「德官多懦」，輔之以「鐵腕剛正」。陳廷敬最好運是死在康熙之前，不必看新君面色，極之好運。

另一位官更大，是名臣張英之後，經歷康雍乾三朝的張廷玉（1673 年至 1755 年），起用於康熙，大用於雍正，棄用於乾隆。張廷玉只比雍正大 6 歲，屬同齡人，協助雍正渡過繼位的難關。雍正 13 年間，位至軍機大臣，內閣首輔，封三等伯，位尊太保，雍正遺命「配享太廟」，是清朝唯一可以入太廟的漢人。

最著名故事是勸家族放棄爭地，詩云：「一紙書來只為牆，讓他三尺又如何，長城萬里今猶在，不見當年秦始皇。」最後鄰居亦讓三尺，世間多了一條「六尺巷」，成為佳話。乾隆 25 歲上位，張廷玉已 64 歲，再服務 14 年，已經 78 歲，早應退休，老來失聰，得罪乾隆，革去伯爵，甚至取消「配享太廟」的資格。看見乾隆難服侍，只有和珅之流才摸準老闆心性，老臣應早退，歷史教訓，明朝劉伯溫、唐朝魏徵，最後都被反面。張廷玉 83 歲才死，鬱鬱以終，但仍入太廟，雍正有靈也！

奸劣人物的認知

1）禍害真能活千年嗎？

俗語説：「好人不長命，禍害活千年。」那要看哪個樣本：孔子 71 歲、孟子 83 歲，不是很長命嗎？三國各路人物，三大智者，曹操 66 歲，諸葛亮 54 歲，司馬懿 73 歲。桃園三結義，劉備 62 歲，關羽 58 歲，張飛 54 歲，孫權 70 歲。那個時代，都不算短命。司馬家的司馬師 48 歲，司馬昭 55 歲，兩人評價不高，但命也不很長。歷史上僅有高字的皇帝，宋高宗趙構，殺了岳飛，享年 80 歲；清高宗乾隆更活了 88 年——十全老人，年年用兵，兩位是好人還是禍害呢？反正壞事都有替罪羊，非君之罪。那是古代歷史筆法。反正禍害的都是有命有運，不妨從每一朝代選一位禍害來看看。古人一般稱之為奸臣。十大奸臣的結局如何，活得長久如何，命運一到位，也就無所作為了。天道運行如此。

一、秦朝趙高　年齡不詳

在秦始皇 37 年執政中，趙高當了二十多年中車府令，管理車馬和印鑒。秦始皇一死，矯旨殺秦始皇長子扶蘇，害死蒙括，和李斯勾結，扶起二世胡亥，又殺李斯、指鹿為馬，秦二世只得三年，又殺二世，再立扶蘇之子子嬰

為帝，最後為子嬰所殺。任宰相期內，殘殺秦朝人才，雖然執政只得三年，足以令秦朝亡國。雖然歷史大勢是政權由貴族轉移至平民，所以平民劉邦勝，貴族項羽敗。趙高此奸臣也活了五六十歲，不得好死！

二、漢朝董卓　年齡不詳

任軍司馬二十六年，入京挾持少帝，應有五十多歲。自任宰相、廢少帝、立獻帝，第一位挾天子以令諸侯的武將，西漢至此，名存實亡。公元 189 年，怨不了曹丕篡漢，三國的黃巾、貂蟬美人計、呂布殺董卓、暴屍街頭、點蠟燭三日才滅、宗族被夷滅，報應慘烈。眾諸侯引以為戒，董卓建郿塢，又名萬歲塢，塢中廣聚珍寶、積穀三十年，自稱：「事成，雄據天下；不成，守此足以畢老。」最後塢毀人亡。當時號稱「北修長城，南築塢嶺」，可見工程浩大。但如今安在哉！當時如何分臟，史上不記，只說「郿塢多藏一炬焚」，董卓族亡財盡，白費功夫！

三、唐朝李林甫　得年 70 歲

在唐玄宗晚年任宰相 19 年，口蜜腹劍，容不得科舉人才，卻敗於市井之徒楊國忠，任期中多用蕃將，只因怕漢族任節度使，將來會成競爭對手；培養出安祿山等蕃將，養虎為患，在位時尚壓得住，後任無法處理。死後為楊國忠所誣，只得小棺而葬。

四、唐朝楊國忠　得年 50 歲

楊貴妃的堂兄，是遠親而得裙帶之便。唐玄宗用為斂財之官，鑽營有術，確是斂財高手。楊國忠引發安史之亂。唐朝從此中衰，偉大的中國夢碎。楊國忠沒有識見，唐玄宗則老而昏庸。結果楊氏家族被誅於馬蒐坡。千古恨事，也只是幾年工夫！

五、北宋蔡京　得年 80 歲

　　王安石、司馬光都認為蔡京是能幹之人。蔡京弟弟蔡卞更是王安石女婿。新舊黨爭，蔡京這牆頭草得利，但在神宗、哲宗朝都未上高位，到徽宗才得童貫拉線，當上了宰相，並成為太師。但四起四落，甚至和長子蔡攸反目成仇，生子七人，都沒好收場。蔡京 23 歲中進士，浮沉至 55 歲，寫書法字畫而得寵於徽宗，當了 17 年宰相。但兒子蔡攸卻沒考上，只是賜進士出身，一樣因和徽宗同玩樂而上至宰相級，取代自己的父親。但結果蔡京被流放，有錢卻買不到食物而餓死，那恐怕是傳說，要其不得好死而已。蔡攸則被欽宗斬首而死。蔡京臨終前作絕命詞，「止因貪戀此榮華，便有如今事也」，為後人鑒。

六、北宋童貫　得年 73 歲

　　20 歲當太監，當了 53 年。蔡京為「公相」，童貫為「媼相」，同為北宋末年四大奸臣之一。童貫也是到 50 歲才發跡，和蔡京互相勾結，主理軍事、主理樞密院，當節度使，和西夏開戰，打方臘。名將韓世忠只是帳下小兵，太監封廣陽郡王。歷史上只有這位太監，前後統兵 20 年，也主張聯金滅遼，怎知金兵滅遼後，立刻攻宋，可見甚無遠見。手握兵權，宋欽宗當然怕他作反，明升暗殺，單是面對金兵而臨陣脫逃，已百辭莫辯，可惜要做宋徽宗的代罪羊。不是被斬，可能更長命。太監無後，又有何懼呢？

七、南宋秦檜　得年 65 歲

　　「人從宋後少名檜，我到墳前愧姓秦」，已是家傳戶曉，而有「秦」姓改作「徐」，同筆劃，亦可謂用心良苦。秦檜在歷史上怕是奸臣之首，他殺民族英雄岳飛，當然是千古罪人。秦檜生前雖有惡名，但執政 19 年，和宋高

宗幾乎是共始終的。宋高宗始終是忌之而因金國，而不敢動秦檜，秦檜生前封秦國公、魏國公，死後追贈申王，謚忠獻。51 年後改謚繆醜，兩年後又復位，可見南宋的混亂。秦檜 25 歲，進士出身，任御史中丞，是諫官，也是反金派。但被捕北上後，性情大變。是否金國臥底？但金國冗述來書，不准炒秦檜魷魚，可見宋高宗之無奈。秦檜病危，宋高宗將秦檜父子（秦熺）解職，秦熺不得繼任。七年後憂懼而死，得年 44 歲。秦熺乃養子，秦檜實無後人，有錢無人繼。

八、明朝嚴嵩　得年 87 歲

嚴嵩也是 25 歲中進士，政途出身，一當官就遇上劉瑾十年，無可作為，只好成為書法家和青詞專家。到 62 歲才入閣拜相，成為嘉靖的「青詞宰相」，得贈「忠勤敏達」的銀印。當了 21 年首輔，是晚年發跡的代表作，當然 2018 年也有 92 歲當總理的現象。絕招是「一意媚上」，實務是「竊權罔利」。評語是「下有殺人之子（嚴世藩），上有好殺之君（嘉靖）」。多位競爭對手被嚴嵩借皇上之刀殺人，而嘉靖這段黑暗政權之普通象徵，卻是賄賂。嚴嵩最後因道人藍道行扶乩時一句「今日有奸臣奏事」，嚴嵩父子被廢。嚴世藩判斬，嚴嵩則「乞食回鄉」，籍沒時「黃金三萬餘兩，白金三百萬餘兩，珍寶幾十數窖」，「文武升遷，但問賄之多寡」，「邊臣失事納賂，無功可賞，有罪不誅」。嚴嵩自稱內庫不如他家多。國事之差，尚幸其後有張居正補鑊。嚴嵩廣買良田、美宅於南京、揚州。但家產被抄，只能住在家鄉祖墳之茅屋中。87 歲飢寒交迫而死，但死不悔改，寫下「平生報國惟忠赤，身死從人説是非」。累積一生，只益了嘉靖，但平生受賄殺人，也難逃得脱呢！雖有乾兒義子三十餘人，全部都避之則吉，世態也！

九、明朝魏忠賢　得年 59 歲

　　魏忠賢是太監，得勢也不過是天啓為帝那七年，但舉世有諂媚之風，魏忠賢只是秉筆太監，卻可自發聖旨，黨羽滿天下。五虎、五彪、十狗、十孩兒、四十孫，還要為魏忠賢建生祠，稱九千九百歲，確實做到「只知有忠賢，而不知有皇上」。天啓只愛當木匠。魏忠賢敗在沒有兵權，但受賄多到「史上不記其籍沒之數」，《國史大綱》中説：其富當更勝於劉瑾的「黃金二百三十萬兩，銀五千萬餘兩，大玉帶八十束，珍寶無算」。區區七年，就可如是之富，這時距亡國不足 20 年了。百姓被剝削之苦可知，這位原名李進忠，被皇帝賜名魏忠賢。52 歲人生才開始，死於崇禎之手，看不起少年人之過也！

十、清乾和珅　得年 49 歲

　　和珅是滿洲正紅旗人，九歲喪父，家境欠佳，19 歲參加科舉失敗，沒有再考。18 歲時娶了直隸總督之女，總算有個後台，改行當三等侍衛起家，23 歲為 63 歲的乾隆賞識，當了管庫大臣，26 歲就當了戶部右侍郎，29 歲御前大臣當習行走，30 歲就升上御前大臣了。隨之當上四庫全書的總裁、翰林院掌院學士，如此年紀，又無進士翰林，是非正途之異數，不能令人心服口服。但 32 歲就當上軍機大臣，但首席仍是另一滿洲大官阿桂，34 歲協辦大學士、36 歲文華殿大學士、38 歲三等忠襄伯、還和乾隆結了親家。和珅 46 歲，乾隆已 85 歲，禪位嘉慶。乾隆當上太上皇，和珅當了翻譯，只有他明白乾隆説甚麼。不知急流勇退，乃有乾隆死，和珅倒，嘉慶飽。國庫多了八億兩，和珅由凌遲改為自縊，只因死遲 15 日。還好兒子因是乾隆女婿而不死，但兒子無後，和珅一系從此而絕，只有養子而已！

結論

　　歷代奸臣中，三名太監、七名宰相級人馬，都是手執大權的人物。他們的主子，不是年幼（秦二世、漢少帝）就是另有私心和興趣（愛享樂的宋徽宗、天啓愛當木匠、趙構不想父兄回朝、嘉靖想升仙），再不然是年老昏庸（晚年的唐玄宗、乾隆）。十人中大概無人不愛權不愛財的。有進士當位的只有 3 位（秦檜、蔡京、嚴嵩）。是斂財專家有董卓、楊國忠、秦檜、蔡京、嚴嵩、魏忠賢、和珅七位，其他三位雖無記載，但最終大都被抄家或被殺，子孫不得享。老子曰：「金玉滿屋，莫之能守。」這道理是很明白的，死得甚慘有七位，因病死只有秦檜於家中，但亦在憂患中而死、報在子孫亦佔多人。但十人平均年齡是 64.8 歲，是今日的正常退休年齡。掌大權都死四十歲以上之成熟年齡，嚴嵩更 62 歲才入閣拜相。最年輕是和珅，30 歲就當御前大臣了，大都掌權 20 年。只有魏忠賢、楊國忠、董卓，短短幾年，就累積巨款，在位時莫不是「忠勤敏達」，媚上得力，提供最大福利享受。諫官屢攻不倒，黨羽眾多，死後亦誅連甚廣，子孫受累，但君心和民意都一樣，日久生厭。一句「今日有奸臣奏事」，就可完蛋。當奸臣，必有代價，可不三思乎！

2）　如何渡過權奸朝

　　歷史上好幾位權臣奸相都是在位甚久，當時社會經濟都不算差，皇帝都有特別愛好，不想理朝廷，但供奉不衰。看開元天寶年間的李林甫，在位 19 年，唐玄宗注意力已在楊貴妃和梨園身上。安祿山十分乖順，天下昇平，李林甫大權在握，無人能爭權。最後對手不是天下賢士，而是市井之徒的楊國忠，如此替手，乃有安史之亂。

　　李唐當時真的已經無人了嗎？李林甫已證明「野無遺才」了，科舉制度出不了能變革的人了。

　　南宋開局就出了秦檜，任宰相 18 年之久，宋高宗礙於大金，不敢罷相，還要當「江南國主」，回到南唐李後主時代。但「暖風薰得遊人醉，直把杭州當汴州」，南宋有海外貿易，浙江一帶經濟不差，雖然要向大金進貢，偏安江南還是可以的。文化上雖出了朱熹這大家，但畢竟不得志。

　　到明朝的嚴嵩，也是出奇，嚴嵩出道在正德皇，那時劉瑾這位太監當道，嚴嵩以退隱來應付。到嘉靖 6 年，嚴嵩已經 42 歲，嘉靖在位 45 年，時間長得很。當然是夏言當首輔，亦是厲害人物。嚴嵩要等到嘉靖 22 年，63 歲才拜相。嚴嵩書法一流，文筆亦佳，兒子嚴世藩更是道家的青詞高手，嚴氏父子投其所好，乃可大發其財。

　　但明朝已到國家財政衰竭，沒有張居正在幾年後的萬曆新政，明朝就要亡了。

3）歷史上奸人的報應

　　歷史如何對付大奸大惡？是否所有的罪惡都得到應得的懲罰呢？各有天命。由秦朝開始，「指鹿為馬」的趙高，嬴姓，是秦王遠房宗室，但家族因罪當了太監，在後宮混了 20 年。

　　秦始皇死，扶二世，矯旨殺扶蘇、蒙恬；殺李斯，殺二世，扶子嬰。扶蘇上位，秦未必亡，最後子嬰殺趙高，誅三族，但救不了秦亡。

　　董卓是極短暫的光芒，但殺少帝，挾獻帝，是第一個「挾天子以令諸侯」的人，但中反間計，被呂布所殺，腹中可點油，死狀極慘。武則天用來俊臣，十大酷刑，破戶千餘家，當上洛陽令，「請君入甕」聞名後世，最後被武則

天賜死，得年 46 而已。唐玄宗用李林甫，「口蜜腹劍」，用了安祿山，死後被楊國宗誣告造反，改葬小棺，但是驚懼而死，不得安寧。

南宋秦檜，以「莫須有」罪名殺岳飛，「東窗事發」，但仍得申王、諡忠獻。到宋孝宗，平反岳飛，秦檜改諡繆丑，死不安寧，罰跪岳王廟，「人到宋後少名檜」，秦氏改姓徐，報應太久。罪在宋高宗趙構，秦檜只是幫兇。嚴嵩活了 87 歲，63 歲才拜相，歷任 20 年，青詞宰相，卻貪污無比，結果還是被嘉靖炒魷，兒子被斬，自己回鄉，死前覓食於墓舍，無棺下葬，亦無人弔唁。老來上位，捨不得之過。

明熹宗時魏忠賢，原名李進忠，有妻有女，中年後才當太監，天啓只有 7 年時間，都可以收集五虎五彪十狗十孩四十孫，橫行明末，全國遍建生祠，稱「九千九百歲」。但崇禎一出，立刻被殺，可謂無權無勇，比清代和珅差得遠，和珅亦只是為嘉慶儲錢！

4）堅忍陰毒者勝　　世道無奈

三國若從豪族和寒族來分的話，曹操是太監之後，當然是寒族，崇尚法術；劉備號宗室，但早已淪為賣鞋的，也是寒族；諸葛亮是諸葛豐之後，是世家相傳的法家，這是無疑的。反而孫權的江東，是本地豪族所擁戴而起家，所以偏向儒家，乃有「諸葛亮舌戰羣儒」的故事。

曹操管理的建安時代，仍是羣儒並舉，所以要三下「求才會」，諸葛亮在蜀也好不到哪裏去，因為蜀是取劉璋而代之，劉璋乃劉焉之子，是正宗漢朝宗室，儒家之治，但儒家已到末世，「德政不舉，威刑不肅」，官員因此「專權自恣」。要修正這局面，只能「威之以法，法行則知恩」，「限之以爵，爵加則知榮」，「榮恩並濟，上下有節」。今日聽來，多有用啊！

　　所以諸葛亮被評為「刑法峻急，刻剝百姓，自君子小人感懷怨嘆」。若非如此，如何能得大治，尚好蜀境無豪門，諸葛亮的處境比曹操要好些，但很明顯，三國中以魏蜀的寒門法家統治是比較優勝。

　　不過吳國孫權命長，統治期較長，初期還好，到了晚年就亂了，「賢者不用，滓穢充序，紀綱弛紊，吞舟多漏」的情況出現了，社會上「金玉滿堂，妓妾溢房」，奢侈之費，和天災無分別，這和袁紹管冀州、司馬氏管西晉並無分別。

　　整個西晉由武帝開始，到賈后之亂，八王之亂，整個社會亂大龍，曹操、諸葛亮是寒族的有心人，要糾正當時的 1% 和 99% 的不均現象，打敗了豪族，但漢末的儒家是「迂緩無能」，而司馬懿這名儒家卻是「堅忍陰毒」。最後「堅忍陰毒」者勝，世道如此，無奈。

5）權奸也要有能力

　　權臣和奸臣大概都是極端利己主義者，這一點是相同的，不同處的是「禍發身前」與「禍發身後」，奸臣是前者，權臣是後者，身後才被揭發，自己已不知道，李林甫是其例，張君正亦是一例；禍發身前，楊國忠是一例，嚴嵩、蔡京亦是二例。

　　李林甫執政 19 年，病死後，「諸罪俱發」，真假不分，反映唐玄宗晚年的昏庸。楊國忠乘勢而起，一個無賴幾年間由一個小小判官，升至唐朝第三號人物，又豈是等閒。唐玄宗晚年需要的不是有學問的臣子，而是能替他發財的臣子。

　　楊國忠原名楊釗，「國忠」是唐玄宗賜的，忠字舞跳得好不在話下，楊國忠不讀書，但「言辭敏給」，口才好，給唐玄宗以「精明」的感覺。天寶四

年（745 年），楊國忠運到，楊玉環封貴妃，楊國忠找到金主鮮于仲通，推薦給劍南節度使章仇兼琼，作為結交楊玉環的「推官」，帶了大量禮物到長安，作為回報，鮮于仲通後來當了京兆尹。楊國忠胃口大，手段多，居然有取代李林甫之心，當然有唐玄宗的暗示才敢動手。

唐玄宗到晚年疑心大，最怕手下不忠，李林甫後期獨裁，蓋過君權是自取其死。但 19 年亦太長了，好處是奸邪之輩如安祿山亦因「狡猾不及」而被鎮住，雖想反亦不敢。而楊國忠如何呢？《資治通鑒》載：「為人強辯而輕躁，無威儀。」只能靠嚇。執政後，「裁決機務，果敢不疑」，是快速「決定者」，而不是細思量，作風「頤指氣使」，「公卿以下莫不震懾」。這種人古今都有，用人「無問賢不肖」，但求「柔倭易制」，易配合！

6）　始於作偽，終於無恥

留意中國西化的人，大概無人不知嚴復《天演論》中的「物競天擇，適者生存」。但筆者更欣賞嚴復這位福州老鄉對人性的觀察，「始於作偽，終於無恥」，變化總是一步步來的。

嚴復是傳播西方近代思想的第一人，他當然熟知中華文化的一個「誠」字，在大清官僚中早已不存在，而西方工具文化的極端恰巧也是「衷心無誠，盡出於偽」，所以大清和西方的交往大抵都是以「偽」為開端。嚴復那一代人親歷那一段「虛偽」的日子，滿洲部落政治，從來都不相信漢人，士大夫要箝制，普通百姓要欺騙壓榨，所以不要怨大清的漢人無國家觀念，好作滿洲人口中的「漢奸」，何以不是「滿奸」，滿洲人就個個忠誠嗎？

北洋軍閥家天下心態

漢人「反清復明」在民間恐怕亦是代代相傳，終大清之世，反清不絕，不只是太平天國，甚至清亡後，漢人國家觀念仍未恢復。

北洋軍閥在國際上是正統，代表中國，但軍閥們仍是家天下心態，何人為國為民？國際間亦充滿「密約」，彼此交換利益。中國到一戰後仍是一塊大肥肉，一切都是高官的「親筆書」交易，封封都是「飽含熱情，內容豐富」，但笑裏藏刀。

時至二十一世紀，仍是如此，但「始於作偽，終於無恥」是必然的。1895 至 1945 年間，大陸的中國人走向西化，遭遇日本侵華，但同期在台灣的中國人卻是日本化，當殖民。

中華文化失落 50 年，到兩蔣的 40 年間「去日本化」只是表面文章，1950 年中國文化只在從大陸移來的 150 萬人中流傳，其他 500 萬人大抵都是李登輝之流的心態。研究台灣者不應不知！

7) 閱世與懺悔

二十世紀基本上是亂世，中國暫安大概只在最後那十年，中國轉了國運，最初十年還是清朝，到 1919 年的五四運動，才有文化和民族的醒覺，隨後十年被稱為中國的「黃金十年」，但隨之而來是由美國輸出的 1929 年「大蕭條」，日本侵華開始了，天下又亂了，當時的知識分子又有何作為呢？

筆者留意到李叔同，1919 年李叔同出家一年，變了弘一法師，十年間到處演講弘法、見容、宴會，到 1938 年，演講了「最後的懺悔」，他的看法是社會已是僧俗難分，大德高僧一樣無法擺脫名利，知識分子「沒有立場，沒有觀點，沒有正義，沒有尊嚴」。這時候，1919 年的五四學生，正值 40

多歲的中年，是最有代表性的一羣，弘一法師的看法是「交際圈很廣、但説真話寥寥無幾，日子久了，也不曉得甚麼叫真話」、「是座位和座位進行對話」，今文是「屁股決定腦袋」，人云亦云，人不云則不敢去，人為我所用者皆友，人品等級卻被忽略和抹殺。

人生就是「營營役役、苟且偷生」，所以要深深懺悔。弘一法師自道，一生無敵人，因未樹敵，遇見無數挑釁，以「沉默」二字化解，「沉默是金」。這是二十世紀，前四十年所見，也是當年知識分子玩「政治」的歷史，漢奸又多！下半世紀，又可從錢鍾書下半生以見，知識分子之間彼此的「無情、無義、無恥的傾軋和陷害」令人嘆息。錢鍾書是如何活過來，可品味其《閱世詩》，最後二句「不圖剩長支離叟，留命桑田又一回」，閱世和懺悔充滿二十世紀！

8)「親賢臣遠小人」亦誤

諸葛亮勸劉阿斗「親賢臣，遠小人」，注定是忠言逆耳。事實上，多少個皇帝會心水清，分辨出賢臣和小人呢？在小人未出現真面目前，個個都賢，兼且若論能力，很多時小人更有能力和效率，沒有賢臣們那麼「瞻前顧後」，面面俱圓。

古來太平皇帝，一是讀聖賢書的呆子，一是叛逆少年，那些奪權打天下而來的皇帝，自有其評手下的標準。劉阿斗是標準太平皇帝，劉備替他挑了個好宰相，優游多年才接位，局勢已變，只能樂不思蜀，但無威脅，也就可安享晚年。

唐玄宗用了多名賢臣，但晚年一連用了李林甫和楊國忠兩個歷史定位為小人的宰相，李林甫更專政 19 年，口蜜腹劍。

　　乾隆也是英明天子，但晚年用和珅 19 年，當然乾隆自命最有經驗的天子和太上皇，「善而能用，惡而能制」，不怕小人作怪，要賢臣小人並用，但種下衰世的種子。

　　再看北宋，宋仁宗時代賢臣最多，范仲淹、文彥博等人變法，但小人反對，范仲淹亦只能引退，沒有黨爭之禍。宋仁宗 40 年，沒法改變結構性問題。到宋神宗起用王安石，反對派是司馬光、蘇軾，雙方領班都是賢臣，但各自手下都有小人，互相指摘對方是小人，所以只有黨派見解，不分事實真相，是賢臣互鬥，小人得利，所以親賢臣，也可以出事。

　　宋神宗之失是要賢臣下鄉當地方官，執行不贊成的變法。到司馬光上台，又凡王安石推行的都反，哪有一件事都不成的變法。最後蔡京上台，國勢已變，誰當政都亡，賢臣小人齊玩完！

9）傲者萬惡之魁

　　王陽明在《傳習錄》中談到一個「傲」字，是人生大毛病，不論為子為臣為父為友，只要傲，就變成不孝不忠不慈不信，因而斷送一生。當然在封建時代，王陽明並未提及為君若傲則不仁，以民眾為芻狗，改善的方法是「無我」，「無我」則能自謙，「謙者眾善之基，傲者萬惡之魁」，這二句是金句，現代語言是得了「傲慢症候羣」，現代領導們在花言巧語，騙票成功，坐上權力寶座，無人能倖免於產生過度自信，無視周邊人的想法，亦無法冷靜判斷，作出種種錯誤的決策，還自鳴得意。

　　古代皇帝因手握實權，長期在位，個人使用權力不受最低限度的制約，人人天子聖明，即使有能力漢武帝不可免。唐太宗亦在魏徵時代才免於「傲」，到了沒有能力的咸豐之流，大清乃陷入亡國之危，沒有曾國藩出現，

大清早亡 50 年，歷史改寫。古代人民，但求山高皇帝遠，忍耐力特強，非
到山窮水盡，人相為食，不會作反，是順民時居多；現代人民，是善忘易騙，
小小福利，立刻投票。但到二十一世紀，人民的耐心卻不足，單看法國總統
馬克龍，上班不夠幾個月，支持率就降至 36%，美國總統特朗普則要半年才
到 36%，台灣總統蔡英文則一年多，支持率到 21%，但有前總統馬英九的 9%
在前，傲氣不會改，只能自閉，不投我票者「去死」，投我票者「找死」，反
正馬英九到 9% 也觸底回升，不必下台，只要「堅持」下去，一切變好，這
就是「傲慢症候羣」的特徵。

　　要領導人行「謙卦」難之又難，「眾善之基」又如何，萬惡之魁又如何，
總之要忍四年，此之謂也。

10）奢侈為噩運之基

　　唐朝國力豐盛，易激起君主之好大喜功，唐太宗三伐高麗，超過國防戰
爭，是其缺失，到唐高宗、武則天時代並未停止。到唐玄宗，國內益富，對
外經營，更加積極，四邊邊境置十節度使，種下藩鎮之亂的種子，詩人中遂
有邊塞派：「勸君更盡一杯酒，西出陽關無故人。」陽關已是國外，還要去
更遠的安西。「可憐無定河邊骨，猶是春閨夢裏人」，真是女士們「悔教君
覓封侯」的惡果，更無論「醉臥沙場君莫笑，古來征戰幾人回？」

　　唐人既不嚴格「種姓之防」，原因是唐朝李氏本身就有鮮卑血統，多代
皇后獨孤氏、竇氏、長孫氏都是鮮卑人，當然不防胡人，唐人又不能注意「國
家民族的文化教育」（香港今天亦要三思），「而徒養諸胡為爪牙，欲藉以為
噬搏之用」（錢穆語），所以釀成安史大亂。

　　而皇室的奢侈亦十分驚人，唐人愛歌舞，唐詩是流行曲，唐詩「後宮佳

麗三千人，三千寵愛在一身」，但服侍這 3000 人就多少僕從呢？《唐書·禮樂志》：「唐之盛時，凡樂人、音聲人，總號音聲人」，至數萬人。供膳至 2400 人，「儀仗隊、軍樂隊、舞蹈團」合稱「鹵簿」，用 22221 人，加上宦官宮女人數，最少數萬。

　　唐朝在玄宗時已經腐敗，沒有楊國忠去斂財，何以維持。唐太宗也不是省油之燈，不過有魏徵還好點。到高宗懈弛，武則天放恣，中宗韋后亂倫，到唐玄宗已呈露。但唐玄宗並未改革，在氣運盛大之下，繼續拓展邊疆，到老則溺於晏安，安史之亂遂不可免，唐朝氣運到此而止！

11）淺演暴戾化障為緣

　　錢穆介紹的書單中有《六祖壇經》，並不易讀，但錢穆認為「綰合佛義於中國傳統之大羣心教者，其功必歸於『禪宗』也。」而禪宗寶典就是《六祖壇經》，若要先修，一可讀《國史大綱》(360-374 頁)「魏晉南北朝時代之佛教」和「隋唐時期佛學之中國化」。

　　再讀弘一大師李叔同的《佛法宗派大概》，心中有個譜，可以「頓悟」了。夜讀五胡十六國時代，佛教大盛，以後趙石勒和石虎兩名暴君篤信西域僧人竺佛圖證，所以佛圖證的報應之說，戒石勒石虎之兇殺，救人無數。錢穆論曰：「五胡雖染漢化，其淺演暴戾之性，驟難降伏。」「一旦錦衣玉食，大權在握，其臨境觸發，不能自控制者，最大有兩端，一曰好淫（色情事業最發達，今在何處），二曰好殺（槍支泛濫，今又在何處），惟佛法（大部分的宗教）適如對症下藥。

　　人自慕其所乏，所以五胡十六國的君主們雖然佛法認識不高，但卻深信佛教對漢人而言是「胡教」，而恰好五胡君主自謂是胡人，當然要信奉胡教，

而不是道教。石虎的手下中書著作郎王度曾上奏禁佛教，但石虎拒絕，並說「朕生自邊壤，君臨『諸夏』，應從本俗，佛是戎神，正所應奉」。這是公元 317 至 420 年間的事。但到了公元 916 年大遼開始，經歷大金大元亡 1368 年的 452 年，加上大清的 267 年，四朝都是信奉佛教，歷史因緣亦出於五胡時代的「胡人信胡教」理論，如何降服淺演暴戾之性，惟有靠佛家的因果報應，下十八層地獄，六道輪迴，佛家講有多大業力，便除多大障緣。「化障為緣」，中東目前最需要！

12）歷史人物階段性變化

讀歷史，旁通文學，直究人生，有說中國歷史是帝皇史，都是大人物故事，沒甚麼好看，因為捧場的多、真實的少。

其實皇帝除了開國那幾位，大都是可憐蟲，一生只在循禮。住在深宮之中，七下江南，已經大件事。日日見最多是太監，面目可憎之人，一生半個朋友都沒有，亡國死時有一個太監陪死，已經不錯。要進行改革，偏偏有大批太后、太皇太后阻撓，好事不得終，一意孤行多難啊。所以讀史不如研究普通人物，知識分子就有味得多。

唐朝以詩賦取士，所以當官的人，人人都寫得幾首好詩，但他們中甚麼人都有，有忠臣有奸臣，尤其武則天那一朝，名詩人不少。我們讀歷史，對他們有何認識？答案是零。宋朝王安石變法失敗，但文章極好，小詩亦多。

司馬光只編了那本「讀極不明」的《資治通鑑》，不是普通人能讀的。《史記》文章好得多，包公夠嚴明，但沒有留下幾首好詩，大概沒有閒情逸致，只是一位諫友，當不上密友，反而最看出人物是在末世，天下大亂，才見到牆頭草和參天大樹的分別。

　　歷史人物極複雜，亦有階段性。明末清初，多少人當了降臣，最後變了貳臣；由忠心耿耿變了首鼠兩端；本來氣宇軒昂，卻成猥瑣低賤；由剛毅偉岸，變成懦弱虛偽；由堅貞爽直，成了狡詐奸猾，例子極多。

　　到抗日戰爭，汪精衛由少時的「引刀成一快，不負少年頭」，到了當日本人的傀儡政權，當中和蔣介石的恩怨情仇，那是階段性，亦是一步步守不住底線，就變！

13）典範長昭的諷刺

　　台灣是保持中華舊俗最甚的地方，紅白二事最注重，不到是不「畀面」，人到還要送花圈送輓聯，輓聯要寫得得體，切合死者身份並不易。

　　筆者在台灣時參加喪禮不少，場面如何就看掛在大堂中座是哪位大官或名人的輓聯，當然那都是達官貴人的事，坊間小民能有人來鞠三個躬就不錯了。這次台灣發生火燒旅遊車，肇事司機獲得蔡英文送上一幅「典範長昭」的輓聯。據府方所言，是司機家屬要求而致送。

　　若台灣每一個小民都有此要求，政府豈不是大忙？這位司機若是力挽狂瀾，力救24名遊客的安全，自己被燒死，政府要致送，不必開口也要如此！但此次「意外」尚未釐清，背後還有一個強姦案例，已經二審判刑，罰款90萬元新台幣，此人月入1.8萬元新台幣，即50個月薪水，家屬又豈有不知，如此背景下還有心情去索輓聯，奇哉。

　　老友云在台灣「人之常情也」，很有可能是主辦單位的安排，但又考慮不周，掛一漏萬，到最後又找出一個24名死者家屬並未索取為由，是欲蓋彌彰。

　　在台灣當旅遊車司機也夠慘，月薪低於最低工資，要靠小費幫補，夜間

並未安排睡處，要在車上過夜，如此狀態開車，出事並不出奇。大陸客遊台灣發展了 8 年，車禍 36 宗，死 65 人，傷 365 人，平均每年 4.5 宗，死 8.1 人。如何不成為這 8 名中之一名，是每位遊客要注意的。每次航機起飛之前，空姐都做安全示範如何逃生，恐怕坐台灣旅遊車亦要如此，司機的工作狀態如何規範，災難只會再生，到時輈聯發還是不發？

14）有教無養之弊

《讀史論人生》（商務）中，談到錢穆論明末讀書人是「有教無養」，在鄉為土豪劣紳，臨亡則開門引敵，漢奸附清最多，是「教養」的失敗。早在宋朝，在門第世族消失，已無家教門風，讀書只為考科舉，只有教育，沒有教養。

到了二十世紀初，引入西方教育，更只是販賣知識，增加了物理化學等，會考亦只是科舉的變相，並不能考出真正的人才。

錢穆 60 年前介紹了學生必讀的 9 本書，其中一本是王陽明編的《傳習錄》，卷四談的就是「存養」：「存其心，養其性。」讀過四書的人都知「求其放心」這句話，這個心是「放逸而去的本善之心」，「性本善」是很容易被環境所消滅。到二十一世紀，資訊泛濫，沒有判斷力的人自然一早就「放心」了，所以要「存其心」難，養性是心性的涵養。《傳習錄》提出四個養：「養生、養形、養德、養人。」養生是「動靜得宜，節制言語」。不出口傷人，不誇大其辭，不前言不對後語，這些美國選舉都看得到，是最佳教材，這是所謂「軟實力」，哀哉！

養形是衣物服飾要適如其分，養德是行為正確，不出爾反爾，不亂開支票（如競選），養人要推己及人，己所不欲，勿施於人。不要看只是四項，

古代帝王培養子孫，還要聘太師、太傅、太保三人才管用，還要子孫少見太監宮女，多見賢人智士，日夕相處，「使於天下之事，皆有以洞見其是非得失之心」。然後才可以談改革，還要明白「先後緩急之序」，徐徐圖之，才會有成。一味走鷹派作風，亦只不過是西方人說的「無能的極端主義者」，庶幾無益！

15）歷史亡國之道

中國歷史教訓常以皇帝荒淫無道、愛好女色而亡國，那只是幾個古代例子用來警誡後代君主不要太過分，哪有君主不好色？食色性也，老夫子也是如此說人性的。

千年以來，最後一個好色皇帝是宋徽宗，但畢竟亡國之君是宋欽宗，明後主是崇禎，若他的好色把陳圓圓留在宮中，反而不會有「沖冠一怒為紅顏」的後果。清代末年是慈禧當權，光緒皇只為了一個珍妃，相當專情，而末代是溥儀，7歲小孩，無色可好，所以亡國必有其他因素，要有遠因，追上前幾代。南宋起於宋理宗，39年荒唐，死後54年亡國，文天祥回天乏術。明朝敗於萬曆，在位48年，荒殆政事，無國際視野，死後24年亦亡。

不管崇禎是努力還是偷懶，一樣亡國，清朝敗於咸豐，不亡於太平天國，只因有幾位還「像樣」的漢臣，沒有受明末遺民思想的影響。慈禧能撐47年，是奇蹟，慈禧一死，也只撐了3年，共50年，所以曾國藩的幕友確有眼光，說大清撐不了50年。

若看外國史，一度光芒萬丈的奧斯曼帝國最後亦亡了，史家指出三大死因：資源衰竭（人力資源為主）、文化衰落（引起離心）、秩序喪失（執政無力）。其實清朝亦是如此，蔣氏皇朝亦如此，南明退到雲南，老蔣退到台灣，

憑着美國支持和 100 多萬外省來客，在日本「去中國化」50 年後，重建中華文化，也只支持了 40 年，死後不得歸葬故土，只等銅像被斬首。

　　如今台灣再次「去中國化」，日本人 50 年做不到的事，綠營辦得到嗎？歷史就在那裏！

16）以奢亡國的西晉

　　漢末儒家多為豪門，袁紹家族是代表之一，曹操、諸葛亮乃寒門，所以三國成立，是寒門暫勝豪門，等待豪門後出的是豪門司馬懿家族。呂思勉讀三國心得是：「士之能厲清節者寡矣，亂世尤為，以法紀蕩然，便于貪取也。」在三國亂世，要儒家人士清廉極難，無法無天是主因，曹操、諸葛亮雖然以嚴治國，孫權更以暴力防貪，亦不能絕，而袁紹的失敗，在其政寬，但寬大為懷，不是為人民，而是對虐民的官寬大，所以極聚家財的人極多，到曹操破鄴城，抄沒袁紹手下如審配等大官，家財數以萬計，但曹操雖以身作則，但亦止不住弟曹洪的發大財，亦無計可施，吳國諸葛瑾和其子諸葛恪亦非常節儉，但另一個兒子諸葛融，極為奢綺，亦見諸史冊。呂思勉分析曹爽之敗在司馬懿之手——不在無才，其實亦是「不世之才」，但「卒以奢敗」，可見奢侈的為害，而曹魏到末年，節儉之風已失，奢汰之風更傳到晉朝，晉朝管治屬於「不善」級，一開始就沒有清廉之風，晉武帝是開國之君，只知驕奢淫逸，只知坐羊車決定到何處就宿，宰相何曾（魏朝何夔之子，著名奢華），日花萬錢，無下箸之處，石崇有金谷園和金谷二十四友，廁所比臥室更豪華，國舅王愷和石崇鬥富的故事，由用蠟燭當柴燒，利用歌緞作五十里屏障，到鬥珊瑚樹多，結果八王之亂，石崇被趙王倫所殺，盡奪家財，晉武帝亦支持此種鬥富行為，國家又如何治得好？西晉五十一年，無可稱道的君主，以奢亡也！

17）宋朝士大夫惡習

　　殘唐五代，風俗大壞，氣節掃地，到了宋朝反彈，士大夫變成「務名為高」，「好持苛論」。為了求名，凡事起鬨，變成羣眾心理，好持苛論，彼此不能相容，互相嫉妒，於是用不正當的「競爭」和「報復」手段，結果變成「結黨相爭」，「排擠標榜」，「喜歡攻擊」，這三者成為宋朝士大夫的「惡習」，人人都有，這是史學家呂思勉的觀察，要捧同黨，捧得比天高，要罵敵黨，便禽獸不如，所以宋朝既多「君子」，又多「小人」。

　　呂思勉提醒讀宋史的人，注意宋史的「偏見」，「經得自出眼光，用精密的手段考校」，二十一世紀讀報看社交媒體消息，亦必經如此，古有名訓，一千年前已是如此。

　　事實上，宋代諸公，誰也算不得「君子」，誰也不一定是「小人」，只不過是「風氣已成，人人為羣眾心理所左右」，這些黨爭，始於宋真宗，盛於宋英宗，到了宋神宗已經失控，乃有王安石和司馬光是「相識不相知」。宋代黨爭，只是鬥意氣，不是有甚麼大事，但因此政局不寧，呂思勉觀察是：「無論甚麼人，都不能放手做事情，就奮勇去做，也四面受人牽制，不得徹底，即使一時勉強辦到，不久政局轉變，也要給人取消掉。」王安石變法是如此，明朝張居正亦是如此！貽害是民窮財盡，一切只優待了豪強兼併的「官吏皇親」，貧民絲毫得不到好處，而租稅已加到不可復加，弊病積重如此，治理無從下手，而司馬光卻是「尊重祖宗成法，萬事不可改」。所以讀史讀到宋神宗王安石，不能不對其熱心和勇氣佩服到五體投地！今人要學之！

18）蔡京、童貫的興亡

　　20 歲的趙佶僥倖因向太后賞識而當上宋徽宗，一年後向太后病故，宋徽宗便無制衡，可以任意用人，這亦是幸運降臨在 54 歲的蔡京和 48 歲的童貫二人身上，成為宋徽宗執政 25 年的六賊之首，其實六賊應加上高俅和楊戩，共為八賊，但高俅和楊戩都在宋徽宗被逼禪位之前死了。高俅官至太尉，成為《水滸傳》中的大奸臣和丑角，楊戩當上節度使，追贈太師，封吳國公，但都被宋欽宗追奪了。但死在寵信自己的皇帝前的人，一般都得「善終」，這亦是為甚麼那麼多人願意為奸臣，死後如何誰管得，就是這八賊們的心態，童貫 20 歲喪妻後淨身入宮，當了太監，但混了 28 年，只在向太后宮中當個副手，但得以認識端王趙佶，在向太后死後，轉投宋徽宗，當上內廷供奉，供應宋徽宗的窮侈極侈，和蔡京互相利用，蔡京得以復官，官至太師，四起四落，絕技是「巧言令色，獻媚人主，竊權取柄，荼毒生民」，蔡太師在《水滸傳》是有名的，北宋末六賊，互相利用，亦互相攻擊，現象是「小人不能容君子，亦不能容小人，利慾之心一起，雖屬同類，亦必擊之而後快」，這是古今相同的現象，童貫被蔡京推薦為節度使，開太監當武官的先河，童貫最高生涯，任太師，領樞密院事（最高武官）、宣撫使，並封廣陽郡王，太監封王，自是而起，未被斬首前，被宋徽宗聖旨譽為「信厚而敏明，疏通而沉毅，善謀能斷，兼文武過人之才」，真是天上有，地下無，換了宋欽宗，立即罪名十四項，判斬首，蔡京則餓死！

19）明末三進士結局

　　明朝重文輕武，當個武官也要有進士身份，才壓得住。但明朝八股考士，進士也要自己有興趣讀兵書，才有用。

　　宋明兩大忠臣，文天祥和史可法，都是磨槍上陣，沒讀兵法，只能屢戰屢敗。但在萬曆四十八年中，的確出了3位懂兵法的進士，萬曆二十六年的熊廷弼、三十二年的孫承宗、四十七年的袁崇煥，其中以後者最出名，不過3人得大用卻是到萬曆孫子天啓年間，而當時權可覆天的是太監魏忠賢。

　　到天啓年間，最大外患是後金努爾哈赤家族，熊廷弼任遼東經略，擋住女真軍，卻因一次小敗，付不起賄金，被魏忠賢所害，斬首後還要傳遍九邊，以示警戒。天啓元年，孫承宗被起用，5年後因魏忠賢而去職，崇禎三年，袁崇煥死後才被起用，一年後就再次下台，崇禎十一年，在家鄉高陽被女真兵所擒，被害死。

　　袁崇煥亦在天啓年間任遼東經略，天啓五年打敗努爾哈赤，天啓六年打敗皇太極，聲名大振，到崇禎年間，加兵部尚書銜、督師遼東；但崇禎三年，就因皇太極反間計，崇禎下令凌遲袁崇煥，悲劇是北京老百姓居然把他的肉吃個乾淨。自古老百姓「只崇拜權力，不崇尚才華，不辨是非，只論利益」，令有志報國之人扼腕，誰肯再服務？替崇禎服務也沒好收場！

　　崇禎執政17年間，兵部尚書先後共14人，督師總督被殺者11人（包括袁崇煥）。此外，巡撫被殺亦達11人，死因自然是「無能」、「不盡力」和「擁兵自重」。以崇禎的知人不明，自毀長城，替敵廢才，自然是結果！

20）明朝三種官的鬥爭

　　明代以來，讀書人的前途就是中進士，入翰林，但每次中進士人數大概300名，只有一甲狀元探花榜眼，可以直入翰林，而二甲三甲，則被選為庶吉士，才可入翰林當實習，所以庶吉士者實習生也。

　　事實上，中進士的大都是「未更事」，無經驗，要「先觀政，候熟練然

後任用」，所以一甲三人為「天上坐仙」，庶吉士是「半路修行」，而入得翰林，成為翰林學士，並不負有行政上實際責任。翰林院庶吉士則更是受教育而已，當時視為政治人才庫，到清朝翰林院制度亦被沿用，但當庶吉士，短則四五年，長則八九年，然後才有官職，考中進士已高齡者，甚至死於京師。但觀看歷代名人，中進士大多在 20 初，到 28 歲中進士已算晚。

　　但凡事一久就有流弊，明朝官員收入低，當京官都是窮京官，一要外派，當上州縣官，主理財政民政，方有肥水可言，所以有人投資在這些新入行的進士身上，專門幫助他們買田放債，影響訴訟，利用權勢作額外收入。若當上京官，就有人放債，到任地方官，就隨同上任，賺回本金，加上高利。而文官就有三類型，一是接受這種灰色地帶收入，幫補低薪，維持生活水準；二是搜括自肥，劣跡斑斑，為數者不少；三是自命清高，一介不取，以至於一貧如洗，明朝有著名的海瑞。這三種人不能調和，可想而知，各有流弊，而自命清高、道德至上者向來為名，在「道德掩蓋」下爭權者亦不少，如此文官效率，自是不高。

21）吳三桂享福卅年始亡

　　崇禎十七年，吳三桂 32 歲，「衝冠一怒為紅顏」，開山海關迎清兵入關，18 年後，順治死，康熙上位，才 8 歲，吳三桂已當平西王多年，已經 50 歲，何以到 62 歲，才因「自請撤藩」得許，才反清呢？

　　吳三桂和康熙爭持 5 年才死，終年 67 歲，三藩之亂，到康熙二十年才平定，康熙亦 28 歲了，這場戰亂經歷 8 年，但三藩一定，兩年後就平定台灣，康熙 30 歲，在位 22 年才統一中國，至於取外蒙古，是平台灣後 14 年的事，是錦上添花！

康熙以 20 歲的青年，鬥 62 歲的老將，不用滿將，而用綠旗漢將，以漢治漢，死的都是漢人，而保持滿軍實力，吳三桂已老邁，又被定位為「漢奸」，不得漢人信任，焉得不敗。

《鹿鼎記》創造出韋小寶這個角色，和吳三桂交手，是康熙誤導吳三桂，以為康熙的寵臣，都是韋小寶一流，用人不當，不足重視，韋小寶見吳三桂時才 16 歲，老奸巨猾，閱人無數的老江湖，看到的韋小寶，已經官拜御前侍衞副總管、驍騎營副都統、一等子爵、賜婚使四大官銜，暗裏還是天地會香主、神龍教白龍使、天地會舵主陳近南徒弟、前明公主九難徒弟，結拜兄弟是高官多人。

而韋小寶明眼人一看，就是書上所説：「偷呃拐騙、喜賭好色、吹牛拍馬、貪污殺人。」一件不缺，好處是對朋友有義氣，但任何要下苦功的事，避之惟恐不及，能重用韋小寶的康熙，不是「小昏君」是甚麼，但英雄出少年，吳三桂初期得利，更自立為王，國號「大周」，改之「利用」，更無人支持，不得又「老死」也！

22）李林甫、楊國忠之誤

讀歷史不翻到最後一頁，不知道其中人物的最後結果，斷章取義固然大錯，讀史讀一半亦錯得離譜。唐玄宗用人由恰如其分到亂晒大籠，開元天寶之間所用的宰相便説明這觀察。

唐玄宗用「姚崇的權變，宋璟的剛直，張説的執行力，韓休的強項，張九齡的執拗」，都應了時代所需。但到開元末天寶年間，唐玄宗已倦勤，興趣才多，楊貴妃只是陪玩之人，誤不了國。最後兩位首輔，李林甫老奸巨猾，當了 19 年，楊國忠投機拍托，當了 4 年就觸發「安史之亂」。

　　「安史之亂」種子是唐玄宗自己種的，怨不了人。安祿山是最能跳「忠字舞」之人，安祿山在李林甫手下是不敢動的，李林甫是宗室遠房，不准參加科舉，只是粗通文墨，但居然主持編輯《唐六典》，是個最「按典辦理」的人，對文人無好感，所以是忌「賢」成癖，在位時所得稱譽是「器惟國偵」、「材乃人範」、「文標楷式」、「學究精微」、「清貞之節」。死時賜太尉、揚州大都督，位至晉國公，但死後不久，被楊國忠翻案，變了謀反，稱號被奪，只用小棺，家族流放，是不是冤案，只憑唐玄宗一言，沒有他的暗示。

　　楊國忠不會發動此調查，但楊國忠執政 4 年，評語是「自命不凡，自我炫耀，自行其足，自我表現，追求效率，從不三思，決策快而亂，往往適得其反」，雖然「紅得發紫」，亦是「內外所怨」最盛之際。安祿山基本上是被迫造反，15 萬胡兵就扛下「天寶之治」，楊國忠將安祿山列為第一對手，自戀性格變成誤區，誤家、誤君、誤民、誤國，結果是首級示眾，家族無一生存！嗚呼！

23）最後得益者也是空 —— 袁世凱

　　戊戌維新代表在野知識分子希望由上而下的改革，但事實證明，一個在野的局外人康有為和一個在局內無實權的光緒，是無法成功的，餘下來只有等由下而上的辛亥革命了（只等了 13 年），慈禧無論如何掙扎，也是徒勞無功的。

　　戊戌維新之後兩年就是庚子拳亂，刀槍不入只是民間魔術，如何抵抗槍炮，其敗必然。不過 1900 年還發生了一件「東南互保」與抗旨行為，發生還在慈禧狂奔至西安之前，發起人是鐵路大臣盛宣懷，支持者是湖廣總督張之洞、兩江總督劉坤一、閩浙總督許應騤、四川總督奎俊、山東巡撫袁世凱、

兩廣總督李鴻章，由上海道余聯沅和駐上海各國領事談判，定了《東南保護約款》九條和《保護上海城廂內外章程》，租界由各國共同保護，除此之外的地方由各省督府保護，共同保護中外商民。所以庚子勤王命令亦是一張空言，朝廷的「兵權」和「財權」都絕了，焉得不敗。

這次事件最大得益人是盛宣懷，入內閣，而更大得益人是才 41 歲、年輕力壯的袁世凱，升了直隸總督兼北洋大臣，要建功立業，除了命長，還要競爭對手消失。1901 年李鴻章死了，1902 年劉坤一死了，1903 年榮祿死了，空位都由袁世凱接了，只餘下袁世凱和張之洞兩個當軍機大臣。1908 年連慈禧、光緒都雙雙去了，1909 年張之洞也死了，袁世凱已成為最強的新軍之主，攝政王載灃雖然廢了袁世凱，卻不敢下殺手，辛亥革命一出只能再次起用袁世凱，清廷親貴之無人可見。東南互補至退位，才 12 年！

24）貳臣逆臣

毫無疑問，財富和聲名都是社會性的堆積物，不必用全部人生去尋找的，「人生待足何時足，未老得閒始是閒」，人心總是不足的，好聲名沒有人不要，但惡聲名又如何，這樣堆積物是很難清洗的，尤其在改朝換代之際，歷史往往開大玩笑。

比如清朝入關之前的首領皇太極是刻意利用漢奸，對待降將如孔有德、尚可喜、耿仲明都用「抱見禮」相待，其子攝政皇多爾袞亦重用降臣，所以清朝得以入關稱王，這兩人求賢的態度，是非常關鍵。但到康雍乾三朝，政策改為「痛壓士大夫來取悅民眾」。

到了乾隆當政，「清室已臻全盛，而漢人反動心理，亦消失淨盡」，這是指漢人士大夫求功名那一族，低層民眾的反清之心是不死的。

　　到乾隆四十一年，乾隆已 66 歲，清入關 136 年，可以放手清算祖宗們的降臣了，乃命手下編《貳臣傳》，理論是「明臣而不思明，必非忠臣」。《貳臣傳》還分甲榜和乙榜，甲榜是不忠於明而有利於清，共 78 名，洪承疇、孔有德、尚可喜、耿仲明、李永芳等有份；乙榜是不忠於明又無利於清者。

　　當年人降心不降的江左各大文人，吳偉業、龔鼎孳、錢謙益、陳元龍有份，那些奸臣馮銓、金之俊、陳名夏和江左各大家混在一起，共 79 名。

　　這些人的後代活在乾隆朝，都忽然變了貳臣之後，如何清洗這些「堆積物」，誰是真漢奸，不能憑清史！

　　到了乾隆四十八年，乾隆再命人編《逆臣傳》，這才將吳三桂、尚之信、耿精忠等人加入了，但逆了清又如何，「反清」到清末是好事！怪哉！

人物與讀物

1） 國學經典最簡單書目

　　與企業界有心人談推廣國學，要在十餘歲的青年間推廣，在考試壓力下的「經典無用論」下，恐怕難之又難，不若從企業界下手，從中年人下手，例子是曾國藩，曾國藩是科舉考試高手，精通八股文，當然也熟讀「四書五經」，因為這是考試題目，學子都要讀，但是精面者只讀「會考」的部分，市面的考試錦囊遍地，和今日補習班沒有分別。

　　古人是考中進士，做了京官才開始讀真書，曾國藩仕途不俗，到了 30 多歲就當闊官，可以尋求真學問了，研究讀哪些「經典」，要到 34 歲，今日觀之，人人到中年才讀書，也可以成為一個大學問家。

　　當然曾國藩中年後還要領兵打敗太平天國，共 13 年，也不是天天得閒讀，所以選書要精簡，古人稱之「守約」，曾國藩自稱：「余於四書五經外，最好《史記》、《漢書》、莊子、韓愈文章四種」。「好之十餘年，惜不能熟讀精考」，可見曾國藩亦非死背書之人。其他書則有《資治通鑒》、《文選》，姚鼐的《古文辭類纂》、《十八家詩鈔》四種，加起來不過十餘種。

　　曾國藩指出韓愈千古大儒，但所佩服的書不過數種，柳宗元亦如此。曾國藩在 34 歲自定每日熟讀的書目不外乎《易經》、《詩經》、《史記》、《明

史》、屈子、莊子、杜詩、韓文。

對現代企業家，有志當一儒商者，亦綽綽有餘了，問題是古文太艱深，如何有一流譯本，深入淺出，令西方人也能明白，中國人自然無問題，其中《明史》不太可信，要重新考證其中作假者，坊間亦有此類重寫小説，相信不難！

2）戲說經典閱讀

清朝中葉，考據學盛行，父母們「給孩子們甚麼教育」不是一個難題，「博士之學」可也，只要「專精一門，與世情無關」，不鼓勵「士大夫之學」，講究「安身立命」是沒意義的，為學風氣是「懶而躁」，一書未完，又去讀另一本。

到了二十一世紀，讀書之風仍如此，只「讀頭讀中間讀尾」就完事，在有互聯網之下，或創出「懶人包」，誰也能如曾國藩所主張的「耐而恆」，一書未讀完，永不再讀另一本，錢穆讀書方法亦如此，二十一世紀，父母又遇上讓孩子「經典閱讀」，還是「快樂閱讀」。筆者少時的「快樂閱讀」是武俠小説、連環圖，四大名著已經成為「經典閱讀」了，「經典」當然也包括朱熹的《四書集註》，大學時代的錢穆《中國通史》。經典是甚麼？那是「一代一代聰明的腦袋為我們選擇而留下來的文字精華」：是經得起考驗的。

500 年來的八股應試文章，當時是最潮流的，如今一文不值，二十一世紀既要文理並重，又要學貫中西，有多少時間念中國文化，確是難題，梁啟超最簡單的書目也要 160 多種，怎讀啊！

若只以修心標準，有人提出，儒家《易經》、道家《道德經》、佛家《六祖壇經》、西方《聖經新約》、中東《可蘭經》、朱熹《近思錄》、王陽明《傳

習錄》，齊家之道，《曾國藩家書》、《菜根譚》，輔以韋伯的《新教倫理和資本主義精神》，馬克斯主義，這批書讀完，大概知道東西方的基本面。

　　相較之下，唐詩宋詞元曲已是快樂閱讀，連《論語》挑其短悍者，也是讀之快樂，這應是大學讀完之前，有所了解，沒有懶人包，還要知科技，真不易也！

3）半套《論語》治天下？

　　安倍晉三又來了，這次是挾着再任首相的餘威，有日本人的支持，CPTPP 當上了盟主，雖然 APFTA 早放在那裏，日本是沾不上盟主味道的，還有美日印澳的印大聯盟在不斷推動，南海是推不動的；出口中國是大大進展了，在上海那 10 萬日僑當然是希望中日友好的，但這場中日加溫能維持多久，四個政治文件落實了嗎？

　　中日人民的互相敵視，本來就是日本官方和傳媒弄出來的，這個態度不改，大局改不了，高層個人友誼更談不上。研究日本人多年，日本的「工具文化」和「手段文化」是深入骨髓，改不了的，這亦是島國文化的缺憾處。中國有「半本《論語》治天下」之說，日本人只是變了個相。

　　日本人當然熟讀中國 5000 年歷史，但最熟讀是異族入侵這幾段。日本人深知「成王敗寇」，歷史是勝利者寫的，所以殺人如麻的成吉思汗和努爾哈赤都成為「太祖」，東條英機若是成功了，日本史上的第一開國元勳，非他莫屬，豈會成為戰犯！「仁義忠孝誠信」的《論語》教訓，日本人只學了半套，不是學習欠佳，而是民族性使然，有選擇性的——日本企業發生多少隱瞞、造假賬的醜聞，就是半套《論語》。

　　看日本武士道精神，有義無仁、有忠無孝、有信無誠，才會出現「衷心

無誠，盡出於偽」，偽者人為也！這種文化甚至荼毒台灣。有忍無辱，「士可殺不可辱」是不必的，但可以自剖，不要尊嚴，不要體面，但求目的。這次特朗普訪亞洲，安倍和台灣老宋都表演過，還沾沾自喜，不辱使命，嗚呼！

4）　百年讀書運動

錢穆遠在 1935 年寫下〈近百年諸儒論讀書〉一文，介紹了 5 位不同時代的儒家讀書的方法，分別是陳澧（1810-1882），代表作《東塾讀書記》；曾國藩（1811-1872）；張之洞（1837-1909）；康有為（1858-1927）；梁啓超（1837-1929）。

5 位學術成就中較大的曾國藩（61 歲）和梁啓超（56 歲）都天不假年，陳澧和張之洞亦只得 72 歲，康有為 69 歲，為學術生命止於戊戌政變，當年只得 41 歲，學術如「彗星一閃」，未再有進，是政治生命和學術生命同時停止。

名人評價，陳澧是「一個學者偶感而發的不公開的私議」，曾國藩是「一個賢父兄對他家庭子弟的家訓」，張之洞是「一個闊官僚對下屬的教誡」，康有為是「一個以聖賢大師自命，提倡讀書的新風氣」。

梁啓超最重義理經世詞章

梁啓超評價最高，是「處處站在重視中國文化立場而為中國讀書人說話」，但儘管如此，梁啓超的「書目及讀法」，仍有 160 餘種，分成五類，但最重視只是義理、經世、詞章三類，用白話文說法是，一、修養，應用及思想史關係書類；二、政治史及其他文獻學書類；三、韻文書類，其中又分為「精熟」和「涉覽」兩類，「一要心細，二要眼快」。曾國藩力主「一書未完，

不及他書」。

　　陳澧則主張「學者不肯從頭讀一部書，其病可以使天下亂」，陳澧主張「士大夫之學」，而反對「博士之學」，「士大夫之學，略觀大義，有益於身，有用於世」，正是曾國藩走的路，但曾氏中年才從事學問，此前只是學八股，而其後「久歷兵戎，目不暇給」，學術上未能自竭其能事，所以事功比王陽明為大，而學術望塵莫及，亦清代一大損失！

5）東方為學之道新鮮

　　筆者送給孫兒 4 歲生日的禮物是《中庸》第 20 章的「求學之道」，記得兒子 9 歲時的生日禮物是文房四寶的毛筆和紙，練字叫苦連天，此禮物也受用很多年才停止，此後就看自己了。「博學之、審問之、慎思之、明辨之、篤行之」這五句亦可受用終身了。

　　有問這五句如何東西合璧，現代化點可以嗎？且留下點筆記，一、博學之，Stay Hungry，有點像蘋果教主，要有好奇心，求知若渴，有上進心，主動學習新事物，新知識，新技能，這是二十一世紀生存之道。古代經典要讀，科技新知不能免，非此無以生存，贏在起跑線，一點用都沒有；

　　二、審問之，Stay Connected，不要協妥，非常努力，要有活動能力，對不確定性保持樂觀，打破沙煲問到底。

　　三、慎思之，Stay Critical，不為教條框框所困，每事問，打破常規地思考，不輕信；

　　四、明辨之，Stay Decisive，對大事有判斷力，不能有偏見，要專注，嚴格和自我審查是非。

　　五、篤行之，Stay Practical，不甘於平庸，敢冒風險，目標可以放高一點，

有責任心，做好事情的動力，踏實，不驕傲，「擇善而為知，固執而為仁」，能配合別人，有合羣精神。

這五點是為學為人的途徑，西方人有其優點，謂之專注 Focus、自律 Discipline、嚴格 Strict、自我審查 Self Examination、開放 Operational，能夠做到亦能成功，但中國模式已經五千年，經得起考驗，不論年紀，皆可實行是真理！

6）唐詩見歷史

讀唐詩三百首，可見唐朝歷史嗎？當然可以，還能見到民間實況，貧富懸殊。唐朝一開始，就是貞觀之治，唐太宗贈蕭瑀詩：「疾風知勁草，板蕩識忠臣，勇夫安識義，智者必懷仁。」要求是高的，智仁義誠，才到勇。唐太宗以武力定天下，中國雖經過 400 年的長期紛亂，但其背後尚有活力和精神力量，使中國再走上光明的道路。

唐太宗當時的問題是在治理上，唐不代漢，宰相王珪的答案是「漢世尚儒術，宰相多用經術士，故風俗淳厚，近世重文輕儒，參以法律」，因此「治化益衰」，問題在「重文輕儒」。

唐代以詩賦文律來定優劣，因為「對策多抄襲，帖經重記誦」，考不出聰明才思出眾之人，但品德等儒家大防就失去了，「進士以聲韻為學，多昧古今，明經以帖誦為功，罕窮旨趣」，這是古今教育的流弊，到了「尚文之風日盛，尚實之意日衰」，國家就亂了，「詩賦日工，吏治日壞」，皇族士大夫，驕奢荒淫，農民生活則水深火熱，杜甫最憂為之，「朱門酒肉臭，路有凍死骨」，這是天寶十四年。

同年安史之亂，杜甫幼子餓死，「入門聞號啕，幼子飢已卒」，「所愧

為人父，無食致夭折」，當官的都養不了兒子。

　　安史之亂，興兵 5 萬入東都，到唐末黃巢之亂，前後 16 年，以人為食。黃巢不第秀才，考不了進士，造了反，還會賦詩賞菊「沖天香陣透長安，滿城盡帶黃金甲」，黃巢殺人 800 萬，誰料！

7）南宋詞牌見史事

　　1127 年靖康之恥；詞人南遷，這一位詞人是女的，李清照已 43 歲，「尋尋覓覓，冷冷清清，悽悽慘慘戚戚」完全應景，還好出了岳飛，「駕長車，踏破賀蘭山缺」、「待從頭，收拾舊山河，朝天闕」。

　　可惜君王是宋高宗，打手有秦檜，岳飛只能慘死風波亭，遺言是「天日昭昭，天日昭昭」八個字，照耀千古，這是 1142 年，南宋簽了紹興和議，淪為次等國家，秦檜權勢傾天。1154 年秦檜孫子秦塤參加會試，由秦檜主考，為助孫子成狀元，把陸游踢出名單外，但人算不如天算，只得第三名，狀元是張孝祥。秦檜不死，陸游不出頭，陸游變成愛國詞人，《訴衷情》：「胡未滅、鬢先秋、淚空流。」當然不若「王師北定中原日，家祭無忘告乃翁」。

　　張孝祥 22 歲中狀元，死時 39 歲，短命，作為不大；但辛棄疾出現了，也是 22 歲就率兵死戰，是武林中的文章魁首，《永遇樂》：「想當年，金戈鐵馬，氣吞萬里如虎。」、「廉頗老矣，尚能飯否？」

　　1207 年，辛棄疾死，終年 68 歲，「殺賊」之聲，至死不停，同時出現了姜白石：「自胡馬窺江去後，廢池喬木，猶厭言兵。」、「念橋邊紅藥，年年知為誰生。」、「淮南皓月冷千山，冥冥歸去無人管」，南宋已有亡國之兆。

　　1221 年姜白石去世，50 年後，元朝建立。1279 年崖山海戰，20 萬宋兵陣亡，陸秀夫攜宋帝昺赴海死，只餘下文天祥力挽狂瀾。《酹江月》：「鏡

里朱顏都變盡，只有丹心難滅」、「江流如此，方來還有英傑」，文天祥「留取丹心照汗青」，但南宋氣數已盡，中原淪落近百年，惜哉！

8）宋詞見證歷史

　　唐詩宋詞都是當年的流行文化，只是若干精品，變成經典，若干更是時代見證，成為歷史文件，要全部精讀既不可能，也沒有必要。據紀錄，唐代詩人 2529 位，留下作品 42763 首，後世所謂「唐詩三百首」，連零頭都未夠 0.7%，但能讀熟的人仍不多。

　　宋詞較少，詞人 1300 位，作品 20000 首，即使選出 300 首，也只是 1.5%，但詞長短句，不易記誦，雖流行一時，沒有詩那麼流行，成經典也就有限了。有人把宋詞連繫宋史，可以一記。兩宋由公元 960 年至 1277 年，共 317 年，第一首詞不是宋人所寫，是被擒的南唐國主李煜，「故國不堪回首月明中」，「一江春水向東流」，宋朝統一中國，亡國國主哀嘆「問君能有幾多愁」，一國無兩制。

　　第一位本土詞人是柳永，以作詞為終身職，「奉旨填詞」，「楊柳岸，曉風殘月」，「縱有千種風情，又向何人說」，柳永無官可做。而晏殊則在 14 歲中舉授官（1004 年），「無可奈何花落去，似曾相識燕歸來」，宋朝開國 50 年，詞意不吉祥。1006 年歐陽修出生，詩勝於詞，文章更佳，詞留下「可惜明年花更好，知與誰同」。

　　1042 年，王安石先生，亦是文章和詩勝於詞，「至於商女，時時猶唱，後庭遺曲」。到了蘇東坡出，樣樣皆能，「但願人長久，千里共嬋娟」，「人生如夢，一樽還酹江月」。但蘇東坡仕途一般，「問汝平生功業，黃州惠州儋州」，蘇東坡下半生在新舊政之間掙扎。北宋末詞人周邦彥被宋徽宗所

忌，李師師又成禍水，趙佶傳為李煜轉世，蒙塵北國，留下「家山何處，忍聽羌笛，吹徹梅花」。悔之晚矣，宋詞悲！

9）學貫中西的讀物

錢穆提出中華民族「如果沒有一本或兩本大家共同必讀的書，對民族國家的前途，相當嚴重」。相信基督教的 18 億人有新約和德國人韋伯的「新教倫理和資本主義精神」，18 億的伊斯蘭教徒有《可蘭經》，要了解這 40 億人口的文化，就研究它們吧，但中華民族的 14 億人口要讀甚麼，古代學子有四書五經和朱熹的《四書集註》。

錢穆早年建議加入朱熹所編的《追思錄》，那是宋代二程時代的聖人註釋，是修身之道，太高大上，所以難傳。另一本是王陽明弟子所編的《傳習錄》，比較口語化，但王陽明死後 30 年就少人讀了，何況今日。至於佛家的《六祖壇經》，是由不識字的六祖所傳，比較易明，加上《心經》和《金剛經》，大概可以明白。《易經》講陰陽之道，明白道理即可，不必深究，如吾師閔建蜀所言，他寫的《易經》都不是給一般人看的，能修身，知天命便好。

至於齊家之道，建議的是《大學》、《菜根譚》，和名人家書，如曾國藩家書，是比較短和易讀，要齊全還有老子的《道德經》，那麼儒道佛都齊了。但要人人都讀，不可能，只能讀節錄，如《論語》，孔子弟子人人有話說，但很多已失時效，理應來一本《論語撮要》，將太長和不合時宜的去掉。

台灣人林挺生就編過一本中英法日版，四種文字的《論語》送給外國人，就是精簡的，錢穆本人的《人生十論》，就是修身之道，全書亦薄薄一本是智人之作，但要多讀，青年人浮躁，怕也讀不完，但如何令青少年在中小學 12 年有個基本認知，只有少玩手機，才有希望，管得了嗎？

10）中國式教育不存在崩潰

西方精英吹了多年的「中國經濟崩潰論」，毫無成效，如今找到新題目，是「中國教育風險論」，由於教育不成，所以經濟會崩潰。

這又是用「小國理論」來看龐大的中國，切入點首先是大學及以上的人口不足，只有 9%，但中國 14 億人口，這 9% 已是 1.26 億人，比北歐諸國整體人口都多，何愁不足。高中程度只得 25%，那也是 3.5 億人口，所以初中以下的人口是 65%，有 9.1 億人。

據這些西方精英的研究，過去 70 年，即二戰後，由中等收入國家升格為高收入國家，要有 75% 的勞動適齡人口才成，中國只得 25%，所以理論上差太遠。中國但求 2020 年奔小康，何時達大同，未有時間表，何勞這些精英擔心呢！

當然忘不了的是農村的「留守兒童」們，由祖父母看顧，是否就不成材呢？這批祖父母既然能養出兒女們，最差也就不過如此，那些出外打工的父母是否就完全放棄教育自己的子女呢？不是的，留守兒童高達 6700 萬，但真的無人照顧只有 900 萬多點，13.4% 而已。

是否窮鄉僻壤就出不了人物，不是的，看看歷史，由古代到今日，各界領袖們都不是出生在大城市，而是在小地方，甚至自學成功，遠如錢穆、梁漱溟，近看現代的領導們，誰是來自大城市？錢穆的歷史觀察，「文化發展到某一階段的最高峰，必然會衰落」。

人物亦如此，經濟亦如此，中國教育五千年，「死記硬背經典」，早已在骨血裏，歷史上人物們無不經過此階段，一句古書都記不得的教育，決不會成功，西方精英不可能懂！

11）再看《六祖壇經》

20 年前讀《六祖壇經》沒有太多感想，還是有勇猛精進的沉迷階段，不相信「頓悟」，也不明白「因緣」，自信不必「懺悔」，自信有大把「智慧」，不明白「目不識丁」的慧能何以明白佛的智慧，更不知「福報」不是「功德」。

修行不必剃髮出家

最近讀李叔同弘一事跡，諸多不明白，乃再將《六祖壇經》拿出來看看，才看見「無相」便是「佛法」，「無相頌」即「佛法頌」，依此頌修行，不必剃髮出家，不修則剃髮亦無用。

到禪宗，佛儒其實已相通，且看頌中所言：「恩則孝養父母，義則上下相憐，讓則尊卑和睦，忍則眾惡無喧，改過必生智慧，護短心內非賢，日用常行饒益，成道非由施錢。」佛儒皆講孝義，《無量壽經》中五種惡行：「不孝二親，輕慢師長，朋友無信，難得誠實」，再加上「橫行威勢，侵易於人」。

綜觀二十一世紀，由敍利亞到朝鮮半島，惡行連連，佛祖再出世也難救啊！懺其前愆既無，悔其後過無望，美國人可不相信輪迴之說，要特朗普禪定智慧雙修，豈不痴人說夢。

六祖〈機緣篇〉有教導法達和尚去傲慢的惡習，原來法達 7 歲出家，念《法華經》已經三千次了，見了慧能行叩拜之禮卻頭不着地，如此行禮不如不行禮，法達空誦佛經三千遍，卻不明佛義，念一萬遍也沒有用，只是念口簧。

安倍、蔡英文何時頓悟

慧能要法達念《法華經》，直到〈譬喻品〉一段，才點明佛陀出世的「因緣」，勸戒世人停止向外虛妄的追求，貪戀世俗塵世的各種境相，甚麼擁核、

廢核、親中去中、口說善言、心存惡念、諂媚逢迎、傲慢自負、傷人害物，看看安倍、蔡英文之輩，全是中了三毒三惡，何時才頓悟！

12）一本有押韻的英文童書

年輕時在海外工作，為了保住兒子們中國文化的根，隨身行李備全了《三字經》、《千字文》、《唐詩宋詞》的童書版，還特意挑了台灣出版，有國語注音符號，順便教導國語，可謂用心良苦。誰料到台灣今日居然有「去注音」之說，世事真難料。沒有想到的是，孫子輩居然在香港長大，受香港教育，英文比中文重要，要保住中國文化的根，也許要用英文童書。

這次返港，到銅鑼灣商場走走，看看自己的書的銷情，發現商務童書部已發展成為獨立的童話天地，不和成人書店在一起了，可見童書市場確有可為。但家長們注重是甚麼，據觀察原來還是教科書和練習本，可見功利主義，不能讀「無用之書」還是主流，惜哉！

兒子突發奇想，出一本英文的童書，由十二生肖入手，介紹中國文化中的十二生肖故事，每位生肖配以一個英文名字，舉行大競跑，當然排名還是根據生肖故事，但全書以英文詩的形式出現，有押韻，令小孩子在閱讀之餘，可以增強英文閱讀能力，同時也引起寫作興趣，一舉三得。

這本書在全球發行，以筆名 Jefferson 為作者，原因是西方人買中國文化書，還是偏重由西方筆者介紹。筆者當年為兒子取英文名，居然以傑佛遜為名，可見當年美國總統的影響力，筆者當年是崇美派，沒有疑問，亦可見「世易時移」。

此書一套 13 本，每生肖有一本，總綱一本，合每晚閱讀，最近尚在德國書展得獎，可見筆名奏效，書名 The Great Zodiac Race，在商務熱賣中，有

贈品，推薦給祖輩們！

13）*The Zodiac Race*

　　狗年新春，商務推出英文童書《生肖大競跑》（*The Zodiac Race*），令筆者悠然想起 30 年前在北美旅居的舊事，在海外如何培養子女的中國傳統文化是一件難事，可以強迫教《三字經》，念口簧，教了再説。可以念唐詩宋詞，得音韻之學，甚至拿本《通勝》，教些民間智慧。「路遙知馬力，日久見人心」，「利刀割體痕易合，惡語傷人恨不消」，小孩子們總算知些做人道理。

　　但到了晚上床邊故事，不能再背誦，要講些趣味性的，十二生肖和二十八宿，與《西遊記》有何關係，是一個不錯的材料。小孩們都知道自己生肖是甚麼，連外國小朋友也如此。但十二生肖為甚麼沒有貓，何以到了越南，傳統變了，十二生肖有貓，卻沒有了兔，有何歷史因由。

　　每隻生肖都有其性格，小孩都想知道，智慧的鼠、勤奮的牛、勇猛的虎、謹慎的兔、剛正的龍、陰柔的蛇、勇往的馬、和順的羊、靈活的猴、穩定的雞、忠心的狗、隨和的豬，這些生肖如何配對，參加競跑，才會成功。這樣啓發小孩的思維，知道剛柔互濟，剛則易折，有勇無謀，有智不勤之害，有勤不智之愚，外圓內方，和而不同，面面俱圓，有何壞處，勇往直前而無方向之弊，整個中國傳統文化就此深入小孩的靈魂。念「四書五經」太苦了，十二生肖就有智仁勇的故事。

　　到了二十一世紀，英語仍是世界主流，要用英語推廣中國文化才更有效，如今中國語在西方最流行的居然是少林、陰陽、氣功、人民幣。哪一天，生肖二字進入「十大」，才是中國文化大發異采之日。

14)《人物志》和各種能力培養

諸葛亮給兒子諸葛瞻寫《誡子書》時，兒子才七歲，但畢竟忘了一件事，不能當阿斗劉禪的駙馬，所以要淡薄也不成，宗旨是對了，但欠了「定力」，諸葛瞻最後父子齊齊護國戰死。「膽力」有了，「眼力」和「智力」都有不足，諸葛亮的 DNA 沒有傳到身上，惜哉。

得道者多助，在阿斗當權之際，蜀漢不可能有「助力」，要孫氏出兵，難矣哉。諸葛瞻錯在當駙馬，成為女婿，欲退無路，唯有一死。諸葛亮尚幸還有一子，不致絕後。

筆者在《讀史觀人生》（商務）中談到美國另類教育，主張要「剛毅」（grit），「毅力」而能剛強，不失為誡子之經。沒有毅力，萬事不成，但有毅力學書仍不夠，子曰：「益者三友，友直，友諒，友多聞。」能交到益友，「友力」一增，效率便高得多。

近日在研究曹操時代所寫的《人物志》，論人的質量，以「中和」最重要。古書說：「致中和，天地位焉，萬物育焉。」而中和之質，必平淡無味，所以觀人察質，先察是先中淡，才到聰明。姜太公「論將」要有五才，現代語是大勇敢（膽力）、大智慧（智力）、大仁慈（仁力）、大信任（信力）、大忠心（忠力），致有平淡，才能調成五才。這種看似平平無奇的「平淡力」，如何修煉成，不是在家深思可得，一定要外出處世，中正和諧才成。若氣性不和，即使超逸絕倫，有如八駿中的驥騄，全有毀車、傷主、招致主人碎馬頭剖馬胸之禍。

劉劭這本《人物志》，思想深遠、觀察人性、培養能力都超羣，但其書不傳，實在可惜，要培養青年實力，要三讀也！

15)《人物志》論英雄

　　1961 年錢穆在香港大學演講，題目是〈劉邵《人物志》〉，劉邵亦名劉劭，是三國時代的魏人，曹操建安時代就當小官，一直做到司馬懿當權的時代才退休，官至關內侯，死後追贈光祿勳，名為儒家，集儒道法名陰陽家之大全。劉邵在三國時代並不出名，但留下的《人物志》，卻是學管理者必讀的著作。

　　美國漢學家 John Knight Saryock 早在 1937 年已將其研究《人物志》成書，名為 The Study of Human Abilities，在 1937 至 1966 年間出了 16 版，其書存在全球 280 間圖書館，至今 50 年了。

　　看過此書的西方管理人，恐怕已經沒有了，只成為研究儒家學說的古典文物，惜哉！最近才在《人物志》新版中看到錢穆的演講稿，想當年港大還未有商學院，聽眾怕都是文學院中人。

　　錢穆提出劉邵書中的兩個概念，今日可用來衡量一下美國的領導們，一是英雄，到三國時代已是亂世，亂世出英雄，「英指其人的聰明」，是智者才有，正合乎智的四定義：醒目（Smart）、聰明（Clever）、智慧（Intelligent）和智謀（Wise）。特朗普究竟是哪一個水平？他的智囊又到哪個水平？大家各自評定！

　　「雄指出人之膽力」，例子是張良，柔弱如女子，乃英而不雄；韓信則是大膽，雄而不英，必未其人聰明，膽力相兼，方可謂之英雄，劉邦和項羽都是當代英雄，而劉邦的英成份較高，所以能兼用天下的英才和雄才，而得建成大業。項羽用不了范增，又走失了陳平，而范增死於陳平的反間計，失一人而誤大事，惜哉！

16）觀人察質平淡聰明

　　錢穆談讀《人物志》的心得，深愛文中的「觀人察質，必先察其平淡，而後求其聰明」。學習管理，要擇人得當，要時時玩味此語。美國總統特朗普擇了內閣人選，但有 8 位要被國會審查，觀人明不明，由此可見。要觀察一個人，必注重觀察其性格，要察其「質」，而「質」不止是「性質」，亦可以是「體質」。

　　中國人好講「骨相」、「面相」，這就是觀人之體質。這個人是厚重、輕薄、謹慎還是粗疏，皆由其體質和性質而來。看特朗普亦可如此，看其 30 年來的歷史和體質變化，並不難，都在網上可尋，他是幾十年名人也，更有瀕臨破產紀錄。至於如何「察其平淡，求其聰明」呢？

　　三國已是亂世，不再講「仁義禮智信」，只講人之性格和其用處，十分務實，而「平淡」正是其最高水平，「如一杯水，惟其是淡，始可隨宜使其變化」，可甜可鹹。人之成才而不能變，即成「偏才」，其用即有限，故注意人才而求其有大用，則務先自其天性平淡處去察看。

　　問題是人的內心一有所好，要有所表現，即不平淡，如「好走偏鋒，急功近利，愛出風頭」，都是不平淡。要美國人平淡如特朗普者，難矣。劉劭理論：人之至者，變化無方以達為節，達者達成目標和希望，性格不到平淡，不拘一格，因應變化，故能達成其任務。劉劭理論人分三種：聖人、德行、偏才。兼備眾才謂之「中庸」，「中庸」則可當聖人。此「中庸」不是儒家的「中庸」，只是比喻其下有「間雜」和「無恆」，意思是其人今日如此，明日又不如此。劉劭之論已二千年，今日猶不明白，嗚呼！

17）聰明秀出膽力過人

現代分析員喜歡將人物歸類為鷹派和鴿派，如果對手是鷹派，好像就比較難應付，如是鴿派，就好欺負。這種看法極有問題，亂世出英雄，英雄無分鷹鴿，曹操的定義是「胸懷大志，腹有良謀，有包藏宇宙之機，吞吐天地之志」。

三國中英雄輩出，王粲《漢末英雄傳》就列出諸葛亮、周瑜、劉備等共46位，大家比較是否有鷹有鴿。魏國名家劉劭的《人物志》中，有一篇「英雄論」：「聰明秀出謂之英，膽力過人謂之雄」，二者要相濟相成，才能領導羣英和羣雄而得天下，如今鷹派外表是夠膽表達自己的意見，但意見是否聰明，就要看形勢了。「不審勢則寬嚴皆誤」，美國人優為之，自2001年後在中東北非到處轟炸，至今已死人130萬，達到和平嗎？沒有，國債反增加4萬億美元，要賣十多年武器才賺回來，看不出有甚麼「聰明秀出」。

劉劭說「內有智慧，外露聰明」，很多只是得個樣，但世人看錯，事後後悔，卻無後悔藥。台灣人選民進黨不就是如此，才7個月就後悔莫及，但還有3年半，聰明人又分兩種，一種有聰無明，只可以「坐論謀略」，一種有聰有明無勇，只可以「循規做事」，這就是「空論家」和「循吏」的分別。有膽人也分兩種，一種有力無勇，可以做猛將，一種有力有勇無智，可以為先鋒，今日的鷹派人士大概是此類，衝在前頭，死就死先。有聰有明有膽是英才，有力有智有勇是雄才，但英才和雄才都是偏才，只可做臣子，英才為相，雄才為將，推特可以做甚麼，想想！

18）講學讀書何者出人才

自宋朝以來的一千年間，宋明學者注重講學，最後變成只講學而不讀

書，最後一個能兼顧兩者是王陽明，到了他徒弟一輩，已經不成了，但到了清朝，滿族高壓統治，學者則只知讀書，不敢講學，讀的書也只限於字面記誦和考訂，與「人文知行」無有關係，知行合一之道遂不行了，社會只出現「經師」，卻不出現「人師」，學術界只能有學問，而不再有人才，這才是清末舉國無人才而衰弱的原因。人口雖到四億，但文盲卻是九成五。1891 年，康有為在長興萬木草堂講學，批評清代學者「讀書之博，風俗之壞」，當然康有為確也開風氣之先，「以孔學中學為體，以史學西學為用」，遠勝於張之洞的「中學為體，西學為用」，康氏主張自然科學和社會科學與哲學相對而立，而不是五四運動中只主張有賽先生的科學為主，哲學被廢。康氏因晚年失誤，學術被忽視，但當時主張的「激勵氣節，發揚精神，廣求智慧」是值得注意的，錢穆對此大嘆可惜。錢穆又提出陳澧主張的「士大夫之學」和「博士之學」，「士大夫」要從讀書中明義理，來做社會上做一個有用人物，「博士」則知道一些人家所不知道的，但與做人辦事一切世道無關。「士大夫」無學，則「博士之學」亦難自立。到康有為之後，又出現人才論，研究人員乃一等人才，教學人員是二等人才，行政人員乃三等人才，這是傅斯年和李方桂的一段對話，1949 年傅氏去了台灣當台大校長，去了美國當大學教授，「人才論」如何才對，還看今朝，不覺又七十年了！

19）華夏文化最高成就

　　陳寅恪認為唐朝武功最盛，但宋朝文化則是華夏文化最高成就之時代，事實上除了文化，宋朝的經濟、科技、農業、工商業，及手工業亦極發達。從文章角度，唐宋八大家，僅有韓愈柳宗元在唐朝，而宋朝有 6 位，三蘇中蘇東坡更獨領風騷，歐陽修一篇《醉翁亭記》壓卷之作，「醉翁之意不在酒」，

千古絕句，豈能未讀。

王安石文筆簡潔到位，《同學一首別子固》文章中：「非今之所謂賢人者，予慕而友之。」是奇筆，典範。曾子固有點僻，讀者不多，但北宋仍有范仲淹的《岳陽樓記》，「先天下之憂而憂，後天下之樂而樂」，是創舉。

北宋亡國之君宋徽宗是書畫大家，今日字畫都是字字千金，當年大金掠到寶卻藏而不知，即使奸臣蔡京，亦書法高手，人不如其字最大證據。南宋武將岳飛亦能寫《滿江紅》，宋高宗其實是江南國主而已，但文化水準亦高，書法亦一流，南宋朱熹的《四書集注》，香港六十年代的中學生仍在讀。

宋末最後一代丞相文天祥的《正氣歌》，過零丁洋時，死前的「衣帶贊」，都是中國文化的瑰寶，讀完便知中國文化的忠義所在。文天祥不是愚忠之人，他之死是在「宋已亡，君被換」之後，宋皇帝勸降亦無用，可見他不是忠於「一家一姓」。

蒙古打遍全球無敵手，惟有滅宋用了 74 年，最後崖山一戰，宋兵 20 萬不敵元兵兩萬，有點慘，但無人投降，十餘萬人浮屍於海，勇烈誠信者被殺絕，文天祥留取丹心照汗青。可憐明亡，崇禎帝只有一個太監陪死，保命哲學，令人至今感嘆！

20）不將精力作人情 —— 錢鍾書

1986 年，錢穆在台北一堂歷史課中感嘆，「現在哪有人講梁任公（梁啓超死於 1929 年，距當時 57 年），連胡適先生（才死了 24 年）也少人提及了。」又如陳寅恪，「當時北平哪個青年讀書人不知道，但現在又誰知道他呢？」提及自己，錢穆說：「或許過 10 年 20 年，我的姓名都被人遺忘了。」

如此過了 31 年了，不知今日台灣還有多少人記得錢穆，連新亞書院的

學子也未必知了。

談及胡適在北大時，風雲際會，兩大弟子傅斯年和顧頡剛亦是知名人士，由同窗好友，反目成仇。顧頡剛視傅斯年為「政敵」，余英時説「學敵」才對，因為相爭在學術。命運弄人，蔣介石兵敗到台灣，傅斯年隨行，任台大校長，但窮到買條褲都要寫稿投香港報章，可見台大薪資之低，校長都莫財，1950 年被台灣政客氣死。

傅斯年為人霸氣，又患高血壓，是爆血管高危一族，看其照片就可知。顧頡剛日記中寫道：「傅斯年一代梟雄，極致縱橫馳騁，竟未能有所成，可惜也。」傅斯年終年 55 歲，浪費了多少光陰。

顧頡剛留在北平，未能躲過文革之禍，但活到 87 歲，平生有愛才之心，幫助年輕人，有「顧老闆」之稱，送往迎來太多。年輕 17 歲、同住一小區的錢鍾書贈他一句洪邁的詩：「不將精力作人情」，勸他勿與社會上無聊的人往來，浪費垂盡的精力。

顧頡剛 85 歲時在日記中寫道：「吾一生為眾矢之的，即因門下太雜之過。」顧頡剛知之亦太遲，87 歲就大去。「要無悔於此生」，要不為情面所累，不為事務所累，亦歷史教訓也！

21）兩位草莽書生的眼光

戊戌維新事敗後，康有為及梁啓超逃亡日本，其中康有為還想求助日本，派兵牽制大清守舊派，可以翻盤，但大限重信內閣已經垮台，是新人上台，開始待康有為作上賓的日本人，卻日久生厭。根據孫中山的日本老友宮崎滔天的分析，主因是日本人特性「易喜易厭」，這是日本人的老毛病，千年不變。

實際上在日本人眼中，康有為「沒有甚麼了不起，度量狹隘，見識既不豐富、經驗也不足」。這年康有為 41 歲，戊戌政變前才得進士，四品官，日本明治維新由 1868 年開始，到 1898 已經 30 年，日本早已翻譯了大量西方學說，康有為自詡 30 歲後已學成，不必再讀書，對西方世界的了解極其表面化，但以一草莽書生，得到 28 歲的光緒知遇，奉為聖君。

康梁都為時代所限，不知光緒只是一個「軟性富傷感而無經驗閱歷之青年」，不足當扭轉乾坤之任，加上「體弱多病，機警嚴毅皆不足」，康梁只見過光緒一面，兩個廣東官話和說京片子的光緒，雞同鴨講，光緒又能掌握多少變法的風險，慈禧只是光緒姨媽，又不是骨肉，隨時可廢。

至於百日維新（實際 98 日），只是秘書處章京準備的上詔，梁啟超自己寫所行新政，雖古之哲王英君在位數十年者，政績尚不能及其一二，實際只是虛言，只是一份並未真正實行的命令，「並非新政、更無所謂政績」（錢穆語）。

至於是否震動 400 餘州，令李鴻章失去影響力，也成疑問，但戊戌維新是最後一條稻草，令清廷最後一口元氣也斷了，13 年後，辛亥革命來了，才是戊戌維新之功。

22）掌管最大金融機構會是誰

筆者畢業後進入銀行界，在美資銀行的經驗是，一個貧窮的孩子掌管世界上最大的金融機構的機會是有，但先決條件是你是猶太裔，筆者當年同事晉升最速的必是猶太裔，當然也是美籍。我們作為「第三國外籍」，要坐直升機是無可能，所以改投法國銀行，還要找家要到國外擴張，卻缺乏國際人才的，機會才更好。

時到二十一世紀，最大變化是七十年代，世界十大銀行都是美國的，九十年代是日本的，但如今已是 4 家美國，4 家中國，「一帶一路」上 66 國，最需要人才。但當年打銀行工，要適應西方文化，如今要適應中國文化，還要國營企業文化，沒有這適應力，沒有前景。

人生就如一本書，當你揭到第三十頁時，不會知道第二百頁會取得甚麼成就，人生就是如此不可預測，所以也不必自我設限，但要培養一個完整的人格，完整人格是在任何環境都可以修煉成的。

中國人為學之道，是「博學、審問、慎思、明辨、篤行」。萬變不離其宗，猶太人如何呢？是「專注、自律、嚴格、自我批判、心態開放、面對挑戰而不屈」。

中國猶太，各有各的道理，可以糅合。最大考驗是信心和面對金錢和權力的反應，當年法國行長和筆者說，中國 10 億人口，所以可以做一人一元，就 10 億美元吧。至於放款到何處，就不是他管的事，這就是信心，保持樂觀是好的心態，要有激情才有動力，一個貧窮孩子掌管世界最大的金融機構，將會在中國發生，是哪一位呢，歷史會告訴你！

23）做事與做人

上世紀七十年代，日本帶着「亞洲四小龍」起飛，超英趕美。5 個社會都是極具競爭力的社會，青年人朝氣勃勃，看起來美國就要被趕上了，但美國出了一招「廣場協議」，日本居然就同意日圓每年升值 5%，所有熱錢衝進日本，股市樓市狂升，最後狂跌。

30 年後回顧，日本變成「低慾望社會」，「亞洲四小龍」中的香港、南韓、新加坡變成「過度競爭社會」，台灣則跟隨日本，變成「小確幸社會」，青年

人只能向外逃才有希望。有人埋怨教育失敗，只會教人「做事」，不曾教人「做人」，做事是知識教育，做人是「生存、生命、生活的教育」。

古代東方教育，師道猶存，做事做人都教。到現代西方教育，只是百貨店，販賣知識，做人要靠宗教，但家長又沒空，也只能如此。每個社會都有其文化泉源，演變不同，乃有今日。據說美國近年也變了，是分裂社會，一個是「懶人河社會」，一個是新科技社會，兩類人分化，也發生在青年羣體。民主黨精英注重教育，要讀大學；共和黨特朗普的死忠支持者、中下階層藍領認為讀大學無用。這個社會變化又有何長期影響，是很明顯的，但並無保證科技人可以控制社會大局，「懶人河」大眾有選票。

目前最有希望影響東方是「一帶一路」概念，這是奮發向上，推進「人類命運共同體」不遺餘力，而新興國家崛起，參與規則制定。日本已變成「問題社會」，且看這次達沃斯世界經濟論壇（Davos），居然無大人物由日本而來，連存在感都消失了。「亞洲四小龍」若不搭上「一帶一路」這班車，問題大了。現在是時候重新思考「做人和做事」了。

24) 段譽、韋小寶、康熙

上海朋友說上海人似段譽，知情識趣、溫柔體貼；香港似韋小寶，機巧靈活、一世夠運，當然也缺點多多。

單以《鹿鼎記》第一集，已可撮要為：油腔滑調、討價還價、大膽慷懶、大話連篇、死不認錯、總要強辯、刁鑽古怪（師父陳近南語），長大後必是「馬照跑、舞照跳」之人。

當然韋小寶出身低層，飽經世故，童年在妓院，青年在皇宮，書中描述妓院和皇宮是世界上最虛偽的所在，勾心鬥角，假話連篇，是訓練玩政治最

佳場所。

　　韋小寶得此訓練，無比的機巧狡猾，卻又以頑童的面目出現，令人無法掌握，吹牛拍馬之功，連一代高手的陳近南和康熙，一樣受落被騙，何論他那 7 個大小老婆，當然這也是今日沒人可以仿效的場景。只是金大俠的苦心營造，韋小寶最大優點，自然是對朋友義氣，對同事手下疏爽，貧兒暴富，不用珍惜，大手大腳，反正是順手牽羊、行騙而來的堆積物。

　　韋小寶當然是一世夠運，得了鰲拜的寶刀和寶內衣，多次中掌中刀不死，不然在第一集就被海大富和假太后打死了，沒有下集可言；得陳近南收為徒弟；和康熙結成童年好友，也是坐直升機當上天地會香主和御前侍衛副總管，賞黃馬褂，常人無此機遇。

　　當然康熙和韋小寶有相同處是少年時代已無父，一個不知父親是誰從母姓，廣東人而生長在揚州。康熙則 6 歲喪父，又變成父親出家五台山，一樣無父愛，心底有遺憾對長大後發展有何影響，誰也不知。康熙晚年，諸子奪嫡，亦因不知如何當父親！

總　結

　　重溫本書各節討論知人，可以知道歷史的過程是各種人物互動的結果，中國文化數千年的生生不滅，就是靠人物的承傳歷史精神的結果，所以不可不讀史，即使讀史料是相當沉悶的事，但知道自己正要面對的人是何類人物，國家強大和衰敗又出現了何種人物，就可以有所應對，趨吉避凶，就是易經之道。本書總結，有下列各點：

　　（一）科技人：本書所錄的科技人不多，只有一個黃大年，中國歷史上雖然有四大科學發明，但科學家要到近代才有，但基於國際政治，他們都是「幹驚天動地事，做隱姓埋名人」，事跡不多，由錢學森到鄧稼先這些兩彈一星元勳，都是多年後才為人知曉，中國科學家都知道，核心技術是「要不來，買不到，求不得」的，只能自力更生，要不斷投資培養下一代的科學家和技術專家。過去 30 年，中國投資研發的經費由 30 多億美元到 4000 多億美元，增長超過 100 倍。到 2017 年，中國科學和工程學博士生 34000 人，只比美國的 40000 名少了一點，通過「千人計劃」，目前已有 7000 名學人歸國，單是一家生命科技機構的 70 個實驗室中，有 69 名是自西方科研機構回來的海歸負責，中國科學家的論文數目已比美國多 17000 篇，美國要急急遏制中國發展，是不待證而自明的，中國每年畢業的 800 萬大學生中，有 400 萬是科學和工程學的畢業生，所以中國前途是光明的，在「人口紅利」之後，是「人才紅利」。香港要加入這個紅利圈子，中國要改進是私人投資，未如美

國億萬富豪們的大方，這也許是税制的問題。

（二）傑出人物：歷史規律證明，時代變革需並造就傑出人物，就算沒有，也全把他們創造出來，號召，組織，指揮人民羣眾去完成這個時代的任務，但歷史的變動是由於多種力量合併而成，如能「合力」則成功，只是「分力」則失敗，時代進步的失敗是因為缺乏堅強明智的領袖，令社會無法「合力」，即使人品、人格如何好，沒有人緣人情，一切都枉然，歷史上的王安石、張居正、康有為，各有缺失，但不失為當時的傑出人物，後事則千古任人評了。

（三）狀元進士：可憐天下父母心，最希望自己子女中狀元，一舉成名天下知，不知給了子女多少焦慮，造成身心的創傷，但都是「為你好」作怪，但狀元變成人生的終點，從此無寸進，也終身為人所忌妒，筆者作了狀元的考據，有成就的不多，各位父母可以休矣，歷史上有成就的，大都進士出身，有如今日大學畢業，有了基本學習的技能，考八股文也有基本智商才成。

（四）奸佞人物：歷史上的奸佞人物，都是有能力，在任甚久，不是口蜜腹劍，就是霸凌式人物，在倒台前，都是萬人擁護，皇帝昏庸是必然條件，但甘願受騙也是原因之一，即使今日所謂民主投票，一經選上，就可以為所欲為四五年，無人可制衡，是民主制度的大病，是以「重塑」是必然的，引起經濟大衰退，也是歷史規律。

（五）君子必敗：歷史上君子必敗，「溫良恭儉讓」亦沒有好結果，堅忍陰毒者勝，是歷史的無奈。孔夫子早有提出「恭寬信敏惠」才是正確。所以「半本論語治天下」最怕讀錯另一半，主要是古人對君子的定義失了真，要當是「中華文化的理想人」，至誠和至善，而不是圓滑和容忍，「相忍為國」是每一次忘國的原因。

（六）閱讀範圍：中華文化宣傳的書籍極多，窮一生之力讀不完，只能

有限閱讀，「朝聞道，夕死可矣」。要有良師是必需的，老師的質素和基礎教育是國力的表現，家教門風不可失，從小要教育子女讀對的書，筆者的兒子甚至自己寫書來教育下一代，可謂苦心之至了。

　　讀史知人，史上名人，筆者最欣賞元人王冕的詩：「我家洗硯池邊樹，朵朵花開淡墨痕，不人誇好顏色，只留清氣滿人間」，人人如此，人必知人，自然天人合一，人們平凡而寧靜，是為禱！

張建雄　二〇一八年七月七日

跋

　　本書由寫好到編好差不多一年，正好給筆者更多時間了解錢穆的「知史，知人，知己，知天」四個步驟。讀歷史要知人的賢奸和品德高下，才是中國歷史的可貴之處。西方歷史只是結果論，看有沒有對國家做了好事，但結果只是對投自己票的選民做了好事，而不是對國家或者世界做了好事，才是可悲之處。孟子説：「行一不義，殺一不辜，而得天下者，不為也。」沒有中國文化，做不到。歷史上為何要看賢奸，因為一些徹頭徹尾的奸人到死時，既富且貴，壽而兼有名，但周邊大多數人認為他們是死有餘辜，參加喪禮的人只是為了慶祝這奸人終于死了，如秦檜。相反的如岳飛，歷史會給一個評價。當然也有人千年後仍爭論不休，這也就是一個「時代人物」和「歷史人物」的分別。時代人物在其所在時間，爭雄鬥勝，風光無限，但代價是廢棄前代、犧牲後代，代價極大。這些人物，時代一過，也就淹沒，所以讀歷史，要知道那些人物，是命脈所在，中國文化可以五千年不倒，就是有命脈所在。錢穆在書中指出，三國時代，管寧、諸葛亮是命脈所在。三國是亂世，人物在隱，各朝各代，都有狀元，但命脈不在狀元，狀元成為終點，歷史也就停止了。且建國至今，中國科學家們，做隱姓埋名人，做驚天動地事，歷史不能忘記他們，也是知人之道。是為跋。

張建雄　二〇一九年二月